Dagmar Feghelm

Frida Kahlo

Die Lebensgeschichte

PRESTEL
München · Berlin · London · New York

Inhalt

Er soll sehen, wie schön ich bin. Streng
von oben herab schau ich ihm direkt in
die Augen.

Rot – Blut? Na, wer weiß?!

Mein Kleid ist rot, blutrot, glutrot, um ihm meine brennende Liebe zu zeigen.

Das bin ich, Frida Kahlo. Dieses Bild habe ich gemalt, um Alex zurückzugewinnen. Er soll sehen, wie schön ich bin. Streng von oben schau ich ihm in die Augen – er soll ein für alle Mal wissen, dass ich seine einzige Gebieterin bin, die er lieben muss und der er gehorchen muss, weil er ihr einfach nicht widerstehen kann. Er soll sehen, dass seine Kleine keine Zuckermandel zu sieben Pesos das Kilo ist, sondern die süßeste und leckerste, die es je gegeben hat. Und er soll sehen, dass ich als Künstlerin fast schon so gut bin wie der Maler Modigliani, der diese hinreißend eleganten und verführerischen Frauen gemalt hat.

Der Liebeszauber erfüllt seine Wirkung. Alejandro kehrt zu Frida zurück. Vielleicht aber auch nur aus Mitleid? Mitleid?! Mit diesem starken, eigensinnigen, begehrenswerten jungen Mädchen? Doch im September 1926, als sie ihm das »Selbstbildnis im Samtkleid« (Abb. S. 6) schickt, ist Frida keineswegs die stolz dastehende Schöne des Porträts. Den Oberkörper im Gipskorsett und mit komplizierten Stützen am rechten Fuß verbringt sie ihre Tage wieder einmal möglichst bewegungslos auf dem Bett ausgestreckt.

Die Prozeduren, die sie über sich ergehen lassen muss, sind ein Alptraum: »Mit dem Korsett werde ich fürchterlich leiden, denn es muss ganz eng anliegen; um es anzupassen, wird man mich am Kopf aufhängen, bis es getrocknet ist, denn sonst wäre es wirkungslos, weil meine Wirbelsäule so deformiert ist, und durch die hängende Position soll ich mich so gerade wie möglich halten.« Alejandro weiß, dass sein Bild unter Schmerzen im Liegen entstanden sein muss. Es ist ein Wunschbild – in jeder Beziehung. Die sehnsüchtig ausgestreckte, übergroße Hand gilt ihm, aber auch dem normalen bunten Leben einer jungen Frau.

Er selbst war dabei, als die 18-jährige Frida mit einem Mal aus diesem Alltag herausgerissen wurde, vor einem Jahr, am 17. September 1925. Weil Frida ihr albernes neues Spielzeugschirmchen verloren hatte, waren sie – wehe, wenn die Kleine ihren Willen nicht bekam! – wieder ausgestiegen aus dem Bus nach Coyoacán, einem damals stadtfernen Vorort südlich von Mexiko-Stadt, in dem sie beide wohnen. Der Bus, den sie dann nehmen, wird Frida zum Verhängnis. Eine um die Ecke biegende Trambahn erfasst das hölzerne Fahrzeug und drückt es gegen eine Hauswand. Scheibenklirren, Schreie. Menschen werden umhergeschleudert, Gegenstände fliegen durch die Luft. Eine Haltestange bricht und bohrt sich wie ein Degen durch Fridas Becken. Bei dem Aufprall ist eine Tüte gerissen – Goldstaub rieselt daraus wie Puder auf Fridas blutenden Leib. »La bailarina, la bailarina!«, rufen die Leute entsetzt, die das zerschmetterte, goldglänzende Mädchen für eine Tänzerin halten. Den Schrei, den Frida ausstößt, als ihr ein beherzter Mann noch am Unfallort den Eisenstab aus dem Körper zieht, wird Alejandro nie vergessen.

Über Tage hängt ihr Leben am seidenen Faden. Frida hat schwerste Verletzungen an Rückgrat und Becken. Zwei Rippen,

Mit dem Korsett werde ich fürchterlich leiden.

Bezaubernd schön ist Frida auf dem Portrait, das der Fotograf Nickolas von ihr aufnimmt.

ein Schlüsselbein und das Schambein sind gebrochen. Ihr rechtes Bein weist elf Brüche auf, der rechte Fuß ist zerquetscht. Einen ganzen Monat verbringt sie im Hospital unter einem aufwendigen Gerüst im Gipsbett – meist allein mit ihren Schmerzen. Ihre Eltern sieht Frida nicht, sie stehen unter Schock: »Meine Mutter brachte fast einen Monat lang kein Wort mehr heraus, und mein Vater war so verzweifelt und krank, dass ich ihn erst nach drei Wochen wiedersah. An solche Katastrophen war bei uns keiner gewöhnt.« Nur ihre älteste Schwester Matilde und die Schulkameraden besuchen sie jeden Tag. Als sie, immer noch schwerkrank, aus der Klinik im Stadtzentrum nach Hause kommt, hören auch die Besuche der Freunde irgendwann auf. Selbst ihr bester Kumpel und einziger Geliebter Alejandro schaut immer seltener herein. Er wird wohl von ihren dummen Flirts erfahren haben … Aber das war doch nichts und ist längst vorbei!

Vorbei ist auch ihr lustiges Leben als Mitglied der Clique der *Cachuchas*, der »Mützenbande«, deren Anführer ihr hübscher, kluger, sportlicher Alex ist. Wie viele Streiche Frida mit den *Cachuchas* allen möglichen Leuten gespielt hat – dem Großmaler Diego Rivera haben sie zum Beispiel die Wurst aus dem Proviantkorb stibitzt, wie albern kommt ihr das jetzt vor! Ob wohl die Jungs der Clique immer noch ihre Reden auf Mexikos ruhmreiche, sozialistische Zukunft schwingen? Nun aber lebt Frida auf einem »schmerzvollen Planeten, durchsichtig wie Eis«. Von hier aus erscheint das alles recht kindisch. Auch die Schule ist weit weggerückt. Die Abschlussprüfungen hat sie ja nun wegen des Unfalls verpasst. Aber wozu die Schule beenden? Darf sie überhaupt noch an ein Medizinstudium denken, jetzt, wo sie selbst ein nutzloser hässlicher Krüppel ist und wohl auch bleiben wird? Die Eltern bringen ja kaum das

Nun aber lebt Frida auf einem »schmerzvollen Planeten, durchsichtig wie Eis.«

Geld für die zahllosen Arztrechnungen auf. Unmöglich kann sie ihnen da die Ausgaben für den Besuch der Universität zumuten! Sie muss einen anderen Beruf finden. Bloß welchen?

Frida Hinkebein!

All das mag Frida im Jahr nach dem Unfall durch den Kopf gegangen sein. Nicht, dass Schmerzen für sie etwas Neues gewesen wären. Der rechte Fuß quält sie ja nun schon über zwölf Jahre – seit sie mit sechs Jahren an der Kinderlähmung erkrankte. Wie einsam hatte sie sich damals gefühlt, als sie grässliche neun Monate lang im Bett liegen musste! Ihre Mutter hatte sich, was sie ja immer gern tat, in den Haushalt und ihre Religion geflüchtet. Guillermo, ihr Vater, umsorgte sie zwar liebevoll, bot aber auch ständig selbst Anlass zur Sorge: Er hatte immer wieder ganz plötzlich auftretende epileptische Anfälle, die der kleinen Frida unheimlich waren und Angst machten.

Nichts wünschte sie sich damals verzweifelter als eine Freundin. So sehr, dass diese irgendwann in ihren Tagträumen maßgeschneidert vor ihr steht. Mit ihr unternimmt sie, wann immer sie will, Phantasieabenteuer: »In meiner Vorstellung lief ich zu der Molkerei Pinzón. Dort schlüpfte ich durch das O von Pinzón und begab mich unverzüglich ins Innere der Erde, wo die Gespielin meiner Träume auf mich wartete. An ihre Gestalt und Farben erinnere ich mich nicht; aber ich weiß, dass sie sehr lustig war und viel lachte, freilich völlig lautlos.

>> **Wie einsam hatte sie sich damals gefühlt, als sie grässliche neun Monate lang im Bett liegen musste!**

Sehr beweglich war sie und sie konnte tanzen, als wäre sie gänzlich schwerelos. Ich imitierte ihre Bewegungen, und während wir gemeinsam tanzten, vertraute ich ihr alle meine geheimen Sorgen und Wünsche an.«

Aus diesen Träumereien ist die Rückkehr in die Realität umso härter. »Holzbein-Frida!« oder »Hinkebein!« rufen ihr die anderen Kinder auf der Straße und in der Schule nun hinterher. Zwar schimpft sie nach Kräften zurück, aber weh tut es doch. Später wird es heißen, dass sie den Gehfehler »so geschickt auszugleichen wusste, dass sie wie ein Vogel dahinzugleiten schien« – Ach ja? Interessant …! Warum sagt ihr das keiner?! Und ist es ein Wunder, dass sie am liebsten auf dem Fahrrad unterwegs ist? Da sieht man das Hinken jedenfalls nicht. Und sie kommt an allen bösen Spottdrosseln schnell vorbei! Radeln kann man bekanntlich am besten in Hosen, aber das passt den Leuten bei einem weiblichen Wesen

»Holzbein-Frida!« oder »Hinkebein!« rufen ihr die anderen Kinder auf der Straße und in der Schule nun hinterher.

auch wieder nicht in den Kram. Klar würde sie, wenn's um Bewegung geht, am liebsten tanzen, wie alle anderen Mädchen auch – sogar liebend gern! Wen juckt es nicht in den Füßen, wenn bei jeder Fiesta die Musik loslegt? Doch wie sieht das aus mit den ollen plumpen Schnürstiefeln, die sie immer tragen muss? Sie solle halt ihre Muskeln kräftigen, heißt es dauernd … Was bleibt einem da anderes übrig als so unweiblicher Sport wie Schwimmen oder Fußball spielen? Doch leider ändert das auch nichts daran, dass ihr rechtes Bein wegen der Kinderlähmung dünner ist und bleibt als das linke. Bloß schief angesehen wird sie deswegen! So was tut man nicht! So benimmt sich kein anständiges Mädchen! Ach was soll's. Sie ist ja sowieso eine hässliche kleine Kröte – vor allem im Vergleich zu ihrer hübschen Schwester Cristina. Warum also nicht gleich ins Lager der Jungs überlaufen? Ihr neuster Traumberuf: Seemann auf Forschungsreisen! Als sie älter wird, schneidet sie sich die Haare kurz und lässt sich trotzig im Herrenanzug fotografieren.

Die Rolle steht ihr nicht schlecht – bei dem ernsten Gesicht, das sie hat, mit den markanten Augenbrauen und einem nicht zu übersehenden Damenbart. Stichwort Aschenputtel? Ja und nein.

Meine Eltern, meine Großeltern und ich

Das Leben ist komplizierter als jedes Märchen. Familiengeschichten erst recht. Frida kommt, wie man heute sagen würde, aus einer Patchworkfamilie. Ihr Bild »Meine Großeltern, meine Eltern und ich« (Abb. S. 14) von 1936 sieht zwar ganz nach einer Musterfamilie aus: Vater, Mutter, Kind – mit Blutsbanden verbunden. Doch so einfach war die Wirklichkeit nicht. Das Gemälde zeigt wieder eines von Fridas Wunschbildern, und das liest sich so:

Es war einmal ein junger Mann namens Wilhelm, der auszog, um in Mexiko sein Glück zu machen. Seine betrübten Eltern ließ er jenseits des großen Ozeans in Deutschland in Baden-Baden zurück. In der neuen Heimat Mexiko nannte er sich Guillermo. Er heiratete Matilde, eine schöne junge Mexikanerin von guter Herkunft, die ihm alsbald ein kräftiges, gesundes Mädchen namens Frieda gebar. Für seine kleine Prinzessin baute er inmitten einer unberührten Landschaft ein großes himmelblaues Haus, in dem sie geliebt und wohlbehütet aufwachsen konnte.

Was für ein schönes Märchen! Doch ganz so rosig war die Wirklichkeit nicht. Fridas Mutter Matilde Calderón war tatsächlich bereits Wilhelms zweite Ehefrau. Guillermo heiratete sie bald nachdem seine erste Frau bei der Geburt ihres zweiten Kindes gestorben war. Gleich nach der Hochzeit ließ Matilde Guillermos zwei kleine Töchter ins Kloster bringen. Das klingt wieder nach Märchen – nach der bösen Stiefmutter! Ja, Fridas Mutter konnte sehr hart sein. Auf ihre herbe Art aber liebt sie ihre eigenen vier Töchter: Noch im Hochzeitsjahr 1898 kommt Matilde zur Welt, 1902 Adriana. Am 6. Juli 1907 wird Magdalena Carmen Frieda geboren – unsere Frida. Bereits elf Monate später folgt Cristina.

Die ganze Familie mit Blutsbanden
verbunden. Doch wo sind Fridas Schwestern?

Wo sind die Schwestern auf Fridas Familienbild? Sie fehlen genauso wie Fridas Stiefschwestern aus erster Ehe des Vaters. Offensichtlich geht es Frida hier allein um sie selbst und ihre Eltern. Es fällt auf, dass die kleine Frida auf dem Bild nur als Ungeborenes bei der Mutter ist. Als Kind steht sie viel näher bei ihrem Vater. Der wiederum wird von seiner Frau fast um Kopflänge überragt. Besitzergreifend und sorgend legt sie ihren Arm um seine Schulter. Man sieht ganz deutlich: Die Mutter ist Herr im Haus. Doch bei aller Stärke steht sie nicht wirklich »hinter Frida«. Matildes ganze Energie gilt ihrem sanft und etwas zaghaft wirkenden Mann Guillermo. Frida ist ein Vaterkind, Papas Liebling. Er und sein Haus geben ihr die Kraft, über die schützenden Mauern hinauszuwachsen und damit erwachsen zu werden.

Das in dem Bild liebevoll genau wiedergegebene villenartige Haus, das erst Frida später blau streichen ließ – zur Abwehr von Dämonen –, hat Guillermo in besseren Zeiten draußen vor der Stadt für seine Familie gebaut. Ein wunderbares, geräumiges, farbenfrohes und damit eben typisch mexikanisches Haus! Einstöckig, U-förmig und nach außen hin ganz abgeschlossen, öffnen sich alle Zimmer auf einen großen Innenhof. Hier, zwischen Bäumen und Blumenkübeln, findet im warmen Mexiko das Familienleben statt. Je nach Bedarf gibt es sonnige und schattige Plätzchen, einen plätschernden Brunnen und Sitzbänke, zwischen denen Hunde, Katzen und Hühner frei herumlaufen. Hier kann die kleine Frida spielen und träumen. Hier leitet die Mutter sie zu den Arbeiten im Haushalt an, die jedes mexikanische Mädchen aus dem Effeff beherrschen muss. Und hier erwartet sie voller Ungeduld ihren Vater, wenn er unterwegs ist. Und das ist er häufig. Denn damals reist er noch als gut bezahlter Fotograf durchs Land. Im

Ein wunderbares, geräumiges, farbenfrohes und damit eben typisch mexikanisches Haus!

Auftrag der Regierung fotografiert er die Architektur Mexikos aus der Zeit, in der das Land noch spanische Kolonie war. Doch als 1910 die Mexikanische Revolution ausbricht und zeitweilig Zustände wie im Bürgerkrieg herrschen, versiegt diese verlässliche Geldquelle. Die Familie muss sogar ihre besten französischen Möbel verkaufen und das Haus mit Schulden belasten.

Immer aufs Neue ist sie begeistert von dem Wunder, das in der Dunkelkammer aus den Fotoplatten richtige Bilder werden lässt.

Für den Stolz der Mutter ist das ein harter Schlag. Verbittert fängt sie an zu rechnen und zu sparen – ihr Guillermo ist schließlich nicht gerade der Geschickteste im Geldverdienen! Zwar wird der Vater in dieser Krise nicht direkt zur Kämpfernatur, doch er hält sich tapfer. Mit dem Fotostudio, das er nun in der Stadtmitte eröffnet, verdient er das Nötigste für den Unterhalt der Familie. Umso mehr Zeit hat Guillermo jetzt zum Malen seiner kleinen Stillleben und Landschaftsbilder. Als Frida heranwächst, begleitet sie ihn oft auf seinen Spaziergängen in den nahen Waldpark und auf Ausflügen in die Umgebung. Da das Haus damals noch direkt an Maisfelder angrenzt, ist man schnell draußen in freier Natur! Stolz hilft sie ihm beim Tragen der sperrigen Fotoausrüstung. Während er seine Landschaftsaufnahmen macht, sammelt sie allerlei Steine, Pflanzen und kleine Insekten. Daheim dann hilft sie ihm beim Entwickeln der Bilder. Immer aufs Neue ist sie begeistert von dem Wunder, das in der Dunkelkammer aus den Fotoplatten richtige Bilder werden lässt. Ihre mitgebrachten Naturschätze aber legt sie keineswegs, wie ein anderes Mädchen es vielleicht gemacht hätte, zum Trocknen zwischen die Seiten ihres Poesiealbums. Nein – streng »wissenschaftlich« landet alles feinsäuberlich zerschnitten und zerlegt unterm Mikroskop, wird eingehend begutachtet und mit Abbildungen in Lehrbüchern aus Vaters Bibliothek verglichen. Da erstaunt es nicht, dass Guillermo in Frida die »intelligenteste meiner Töchter« sieht. – »Sie ist mir am ähnlichsten«, setzt er stolz und nicht frei von Eigenlob hinzu.

Fridas Begeisterung für alles Naturwissenschaftliche und ihr Wissen um das Leid, das Krankheiten verursachen können, wecken ihren damals für ein Mädchen sehr ungewöhnlichen Wunsch Ärztin zu werden. Obwohl die Familie nicht mehr reich ist, ermöglicht der Vater seiner 15-jährigen Lieblingstochter Frida nach ihrer Zeit am *Colégio Aleman*, der deutschen Schule in Mexiko-Stadt, den Besuch einer Höheren Schule. Als sie die schwere Aufnahmeprüfung besteht, ist sie so stolz wie noch nie!

So betritt Frida zum Schuljahresbeginn 1922 gespannt und voller Erwartung die ehrwürdige *Escuela Nacional Preparatoria*. Hier, an dieser anspruchvollen Schule,

Doch Frida ist so neugierig wie stark – und sie weiß, was sie will.

wird sie von nun an lernen und sich auf den Besuch der Universität vorbereiten. Frida gehört zu den ersten 35 Mädchen, die dieses renommierte Institut mit rund 2000 Schülern besuchen. Sie ahnt, dass es in dieser Männerwelt nicht einfach sein wird, sich durchzusetzen und ernst genommen zu werden. Doch Frida ist so neugierig wie stark – und sie weiß, was sie will.

Las Cachuchas – Die Mützenbande

Die drei Jahre, die folgen, bis der Unfall 1925 alles verändern wird, gehören wohl zu den glücklichsten in Fridas Leben – auf jeden Fall zu den unbeschwertesten. Vorbei die Zeit, als sie sich von der Halbschwester als »aus dem Müll aufgelesenes« Findelkind beschimpfen lassen musste. Vorbei die Zeit, als die hohlköpfigen Zuckerpüppchen ihrer alten Klasse sie wegen ihres Fußes hänselten. Und endlich auch vorbei die Zeit, als sie unter den strengen Augen der

Mutter immer nur brav draußen in Coyoacán saß, einsam wie ein »Blumentopf, der nicht über den Balkon hinauskommt«! Jetzt verbringt sie ihre Tage in einer Schule mitten in der Stadt. Dass sie eine lange Fahrzeit zur Schule hat, stört sie gar nicht – in Gesellschaft eines Buches ist die Stunde im Bus verflogen wie nichts! Sie ist fast nur mit älteren Jungs ihrer Schule zusammen, die sie als Mitglied ihrer Männerclique akzeptieren. Ihre lustigen Einfälle werden ebenso bewundert wie ihr Mut, ihr Scharfsinn und ihre spitze Zunge. Auch Fridas von hohen Idealen getragenen politischen Ansichten sind ganz auf Linie der *Cachuchas*. Die »Mützenbande« träumt von der Zukunft eines sozialistischen Mexiko, in dem der Boden gerecht verteilt wird und so das Elend der Armen ein Ende hat. Seit hundert Jahren sind die Spanier jetzt weg. Seit über fünfzig Jahren haben die Mexikaner eine republikanische Verfassung, doch immer noch lassen einige wenige superreiche Grundbesitzer das Land nach ihrer Pfeife tanzen! Die Revolution soll dem Volk endlich mehr Gerechtigkeit bringen, die alten Machthaber sollen verschwinden. Um diese schon mal das Fürchten zu lehren, reiten die *Cachuchas* auf Eseln durch die Schulgänge, am anderen Tag treiben sie einen mit Feuerwerksraketen umwickelten Hund durch die ehrwürdigen Hallen. Dank der Taten der *Cachuchas* liegt die Revolution auch in der Schulluft! Dazwischen erholt man sich dann mit allerlei kluger Lektüre und Streitgesprächen in der ibero-amerikanischen Bibliothek.

Umgeben von diesem Kreis und geliebt von Alejandro, dem Anführer der Gruppe, blüht Frida auf. Alles läuft wie am Schnürchen! Im Unterricht ist sie zwar nicht in allen Fächern gleich gut. Eigentlich liebt sie nur Bio, Literatur und Kunst so richtig. Doch zum Glück fällt ihr das Lernen leicht, und so sind die Hausaufgaben schnell gemacht. Dass ihre Interessen wechselhaft und weitgespannt sind, zeigt schon der Inhalt ihrer Schultasche, die sie überall und ständig mit sich herumschleppt. Da tummeln sich

»Texte, Schreibhefte, Zeichnungen, Schmetterlinge, gepresste Blumen, Bücher in deutscher Fraktur (= alte Schriftart) aus der Bibliothek des Vaters« in wildem Durcheinander. Jeder Tag bringt Neues und abends wird Frida zum alles fressenden Bücherwurm: »Ich werde jetzt bis halb elf *Salammbô* lesen – jetzt ist es halb acht –, dann die dreibändige Bibel, und schließlich werde ich noch ein Weilchen

> Jeder Tag bringt Neues und abends wird Frida zum alles fressenden Bücherwurm.

über allerhand wissenschaftliche Probleme nachdenken und dann ins Bett gehen. Na, was sagst du?« Und was mag ihr Schuldirektor gesagt haben, als sie, mit frech wippenden Ponyfransen, temperamentvoll die Entlassung eines Lehrers fordert: »Er hat seinen Beruf verfehlt, wir sollten ihn wegschicken und die Lehrerstelle zur Neubewerbung ausschreiben!«

Ein Mann zum Anbeten!

Fridas neues Leben ist reich und bunt wie die Bilder, die Diego Rivera in dieser Zeit auf die Wand der Schulaula zaubert. Rivera – der berühmte Maler, der jahrelang in Europa war, in Paris, der Hauptstadt der großen Kunst schlechthin! Der mit dem berühmten Künstler Pablo Picasso auf Du und Du verkehrt, der mit dem wunderbaren Maler Modigliani befreundet war! Eben der Rivera, der in der kommunistischen Partei in vorderster Front dabei sein wird, wenn der Sozialismus in Mexiko siegt. Allein seine herrlich kämpferischen Aufsätze im Parteiblatt *El Machete*! Zu alledem ist er auch noch ein göttlicher Maler. Und das, ohne auch nur ein bisschen eingebildet zu sein, im Gegenteil, er ist witzig und nett und sehr charmant! Wenn er bloß nicht so alt und hässlich wäre. Über ersteres kann man streiten. 36 Jahre ist, zumindest in den Augen der Erwachsenen, kein Alter. Hässlich aber ist und bleibt er. Wenngleich …, also nein, wirklich, und gar verglichen mit Alex!

Nein, dieser Rivera ist einfach zu dick, und seine vorquellenden Froschaugen lassen sich nicht schönreden. Er sieht aus wie ein alter Faun. Und so benimmt er sich auch. Noch keine drei Tage

»Ich möchte ein Kind von Diego Rivera haben.« Das hat Frida gesagt?

mit der Guadalupe Marín verheiratet, hat er schon wieder eine Geliebte, dieses Modell Nahui, die Nackte da links auf dem Wandbild, die »Erotische

Dichtung« – ha! Aber schau, wie er jetzt wieder mit Lupe auf dem Gerüst herumschmust, nachdem er sich ihren appetitlichen Proviantkorb einverleibt hat … Au weh, da kommt er ja angesprungen, der kleine Seitensprung, die Erotische Dichtung, na, da wird sich Lupe aber freuen. Da will ich ihn mal besser warnen, und das schön laut, damit es auch Lupe hört: »Hey! Achtung, Diego, jetzt kommt deine Nahui!«

Man sieht, bei Frida bekommt selbst der berühmteste Maler Mexikos keine Vorschusslorbeeren. Zumindest was sein Liebesleben betrifft, hält sich ihr Respekt vor ihm in Grenzen. Gut, er ist ein toller Künstler – aber als Mann und Mensch …! Und trotzdem … Stundenlang hat sie ihn nun bei seiner Arbeit in der Aula beobachtet und sie muss zugeben … Nun ja, bei aller Fettleibigkeit, Froschäugigkeit, Treulosigkeit ist er schon auch als Mann durchaus akzeptabel … Um nicht zu sagen – zum Anbeten! Hat man richtig gehört, »zum Anbeten«? Der dicke Diego, der alte Rivera? Den verehrt Frida? Ein Gerücht. Adelina erzählt viel, wenn der Tag lang ist. Es waren auch andere dabei, als sie das im Eiscafé verkündete. Sag das noch mal, damit wir sehen, dass wir uns nicht verhört haben: »Ich möchte ein Kind von Diego Rivera haben.« Das hat Frida gesagt? Wortwörtlich. Und dann noch, dass sie Diego zartfühlend, klug und liebenswürdig fände und dass sie ihn baden und pflegen wolle. Na, damit soll sie gleich anfangen, so schmuddelig, wie der rumrennt! Im Ernst, das darf doch nicht wahr sein. Außerdem ist sie doch mit Alex zusammen! Tja, ihr Herz ist groß … Und ihr wisst doch, wie überspannt sie ist. Eine Idee jagt die nächste! Na, das stimmt. Allein, wie sie sich anzieht! Entweder braves deutsches Schulmädel in Streberuniform oder Arbeiteroverall! – Damit passt sie doch bestens zu Rivera mit seinen dreckverkrusteten Bergarbeiterstiefeln und dem ach so gefährlichen Patronengürtel um den Hüft-Äquator. Aber was, ihr Lieben, soll dann aus ihrem Alex werden?

Der schreckliche Unfall mit der Straßenbahn setzt nach drei Jahren dem ganzen fröhlichen Leben ein Ende. Und Alejandro, ihr geliebter Alex? Der verhält sich nach dem Unfall, bei dem er selbst nur leicht verletzt wurde, zwiespältig. Schon länger hin- und hergerissen zwischen seiner Liebe zu Frida und der Wut über ihr Herumflirten, besucht er sie nun immer seltener. Telefonieren ist damals eine schwierige Sache – da muss Frida bis zum Milchladen laufen, der einen Fernsprechanschluss hat, und das kann sie im Augenblick nicht. Also schreibt sie ihm. Nur hin und wieder erhält sie eine Antwort. Fridas Briefe werden immer flehender: »Gib dir einen Ruck, und besuch mich – ich mag nicht glauben, dass Du Dich jetzt, wo ich Dich so brauche, taub stellst«, schreibt sie ihm sechs Wochen nach dem Unfall. Krampfhaft versucht sie sich im lustigen Ton früherer Neckereien: »You musst mir immer wieder sagen … ›don't be a Heulsuschen‹ – it's very sweet for me.

You musst mir immer wieder sagen … ›don't be a Heulsuschen‹ – it's very sweet for me.

Ich liebe to you very much. You glaubst mir?« Was ist nur los? Hatten sie nicht Anfang des Jahres noch geplant, zusammen nach Amerika auszubüchsen? Frida weiß noch ganz genau, was sie ihm am 1. Januar 1925 in ihrem Neujahrsbrief geschrieben hat. Dass sie beide etwas aus ihrem Leben machen sollten. Dass sie doch nicht so blöd sein würden, ihr ganzes Leben in Mexiko zu verbringen. Dass es für sie nichts Schöneres gäbe, als zu reisen. »Neues Jahr, neues Glück!« stand da am Ende dieses Briefes – ach je, Übermut strafen die Götter ja bekanntlich … Wozu hat sie nun all die Monate bis zum Unfall die langweiligsten Jobs übernommen, um Geld zu verdienen für diese Reise?

Ein ganzes Jahr geht die Sache noch hin und her. »Du sagst, Du willst nicht mehr mit mir zusammen sein«, schreibt Frida. »Was soll ich denn machen?« Ihr letzter Schachzug ist das verführerische Selbstporträt im roten Samtkleid. Doch auch das bringt Alex nicht auf Dauer zurück. Immer schon ist ihm Fridas ungestümes, besitzergreifendes Wesen zuviel gewesen. Jetzt kommt die Verantwortung dazu, die ihm ein Leben mit der wohl nie mehr ganz gesunden Frida aufbürden würde. Seine Eltern möchten ihn loseisen von dem seltsamen und nun auch noch kranken Mädchen. Sie schicken ihn kurzerhand nach Europa und erleichtern ihm die Entscheidung. Zwar schreiben sie sich, und er bringt ihr von der Reise Kunstbücher mit, doch die Sache ist für ihn vorbei. So war's mit dem Liebeszauber von Fridas erstem Selbstporträt nicht weit her. Das Bild steht eigentlich schon am Ende der Romanze. Doch andererseits ist es der Anfang einer weit wichtigeren Beziehung in Fridas Leben. Also doch Diego Rivera? Ja und nein. Erst einmal geht es um ihre Liebe zum Malen.

Grün – warmes, gutes Licht

Jetzt kommt Diego! Ältlich neben jung, groß neben klein, dick neben zart – und es passt!

FRIDA: »Hey, Diego, komm doch mal runter! Also, ich bin nicht zum Flirten hier, auch wenn du als Charmeur bekannt bist. Ich will dir meine Bilder zeigen. Falls du sie interessant findest, sag's mir; wenn nicht, sag's mir auch, dann werde ich eben was anderes arbeiten, um meine Familie zu unterstützen.«

DIEGO: »Ich drehte mich um und schaute vom Gerüst herunter. Unten stand ein etwa 18-jähriges Mädchen. Sie war zart gebaut, hatte feine Gesichtszüge, lange Haare und ihre Augenbrauen waren zusammengewachsen. Sie sahen aus wie Amselflügel und bildeten den Rahmen für ihre ungewöhnlichen braunen Augen. ›Gut‹, sagte ich und folgte ihr zu einer Kammer im Treppenhaus, wo sie die Bilder an die Wand gelehnt hatte. Sie drehte eines nach dem anderen um. Es waren drei Porträts von Frauen, und ich war sofort beeindruckt. Da war nichts von den Tricks, mit denen ehrgeizige Anfänger oft fehlende Originalität übertünchen, sondern die Bilder wirkten durch ihre Wahrhaftigkeit.«

FRIDA: »Ich will keine Komplimente hören, sondern die Kritik eines ernsthaften Menschen. Ich bin weder Sonntagsmaler noch Kunstliebhaber, ich bin bloß ein Mädchen, das sich seinen Lebensunterhalt verdienen muss.«

DIEGO: »Meiner Meinung nach musst du unbedingt weitermachen, auch wenn's dir noch so schwer fällt.«

FRIDA: »Dann will ich deinem Rat folgen. Nun bitte ich dich um einen weiteren Gefallen: Ich habe noch mehr gemalt und würde dir die Bilder gern zeigen. Du arbeitest doch nicht am Sonntag, oder? Könntest du mich vielleicht am Wochenende besuchen? Ich wohne in Coyoacán, Avenida Londres 126. Ich heiße Frida Kahlo.«

Ist das der Beginn einer romantischen Liebesgeschichte? Erst einmal ist es der Beginn der Malerin Frida Kahlo.

Rückblende. Vom Herbst 1926 bis Ende 1927 zwingt ein Rückfall sie wieder ins Gipskorsett. Erst ein ganzes Jahr nach dem Unfall nämlich wurde Frida geröntgt, was zutage bringt, dass auch einige Lendenwirbel gebrochen waren. Diesmal liegt sie daheim. Schmerzen, Einsamkeit und Langeweile quälen sie zu gleichen Teilen. »Als ich nun so lange das Bett hüten musste, bat ich meinen Vater um sein Malzeug. Er ›lieh‹ mir den Malkasten wie ein Junge, dem seine Spielsachen für einen kleineren Bruder weggenommen werden. Meine Mutter ließ mir vom Schreiner eine Staffelei machen, wenn man den Apparat so nennen kann, der am Bett befestigt wurde, weil ich mit dem Gips nicht aufsitzen konnte. So fing ich zu malen an.«

Das wichtigste Bild dieser Zeit ist das »Selbstbildnis im Samtkleid«. Ein ganz erstaunliches Werk, wenn man bedenkt, dass Frida bislang nichts gemalt hat als die üblichen Blümchen und Kringel zur Verschönerung ihrer Schulhefte! Es entstand mithilfe eines Spiegels, der oben am Betthimmel befestigt war. Doch bei aller Ähnlichkeit ist es ein verklärendes Wunschbild – ein Liebeszauber eben. Viele andere Bilder, meist Porträts der Schwestern oder Freunde, die gerade zu Besuch kamen, sind nicht mehr erhalten.

Jedenfalls waren sie – bei aller Steifheit, die Frühwerke so an sich haben, besonders, wenn sie im Liegen gemalt wurden – gut genug, um Ende 1927 Diego Rivera zu gefallen. Und ihm gefällt auch das Mädchen, das ihn da aufsucht, oder kann man schon sagen – die Malerin? Jedenfalls folgt er ihrer Bitte und kommt am Wochenende hinaus nach Coyoácan. »Als ich an die Tür klopfte, hörte ich

Eine Frau, die im Baum hockt und pfeift! Und zwar die »Internationale« – das Kampflied seiner Partei, der Kommunisten!

irgendwo über meinem Kopf jemanden die »Internationale« pfeifen. Hoch oben in einem Baum sah ich Frida im Overall, die herabzuklettern begann. Mit fröhlichem Lachen nahm sie meine Hand und führte mich durch das Haus, das leer zu sein schien. In ihrem Zimmer ließ sie alle ihre Bilder vor mir aufmarschieren. Die Bilder, ihr Zimmer, ihre strahlende Erscheinung erfüllten mich mit wunderbarer Freude.« Anscheinend hat Diego sich sofort in diese seltsame Pippi Langstrumpf in ihrer Villa Kunterbunt verliebt. Noch nie ist er von einem weiblichen Wesen im Overall empfangen worden! Eine Frau, die im Baum hockt und pfeift! Und zwar die »Internationale« – das Kampflied seiner Partei, der Kommunisten! Ein derart burschikoses Mädchen hat er noch nie kennengelernt. Da ist dieses junge Ding mutterseelenallein daheim, keine Eltern und sonstige Anstandswauwaus weit und breit – und führt ihn, den bösen Wolf, arglos in ihr Zimmer! Da ist selbst ein Schwerenöter wie er erst mal entwaffnet. Und malen kann sie auch noch. Nein, so eine Señorita ist ihm noch nie über den Weg gelaufen. Irgendwie kommt sie ihm ja bekannt vor, wenn er nur wüsste, woher …

Ein Mann zum Heiraten?

Die Sache entwickelt sich. Noch nennt Frida Diego »Kumpel« und lädt ihn sogar zusammen mit seiner von ihm getrennt lebenden Noch-Ehefrau Lupe ein. Die kann sich für die eigensinnige Göre, die »Tequila wie ein Straßenmusikant hinuntergurgelt und selten ohne Zigarette anzutreffen ist«, wenig erwärmen. Sie spürt wohl, dass da eine Rivalin aufgetaucht ist, und zwar eine mit höchst ungewöhnlichen Qualitäten, der sie selbst wenig entgegensetzen kann. Ob mit oder ohne ernstere Absichten – Frida ist bald völlig im Bann der Eroberung, die sie gemacht hat und tut nun alles, um Diego zu beeindrucken: »Ich malte Dinge, die Diego mochte; ich spürte, wie sie ihm gefielen

> Ich malte Dinge, die Diego mochte; ich spürte, wie sie ihm gefielen und seine Liebe beflügelten.

und seine Liebe beflügelten.« Diego schildert den Fortgang wie folgt: »Als ich meine Arbeit im Erziehungsministerium beendet hatte, begann ich ernstlich um sie zu werben. Obwohl sie erst 18 Jahre und ich mehr als doppelt so alt war, fanden wir nichts Komisches an der Beziehung. Auch die Familie schien der sich anbahnenden Verbindung nichts in den Weg legen zu wollen.«

Soweit Diegos Version. Er vergisst zu erwähnen, dass er inzwischen zwar geschieden ist – zum zweiten Mal! –, sich von seiner Exfrau, mit der er zwei kleine Töchter hat, aber immer noch bekochen lässt. Auch, dass Fridas Mutter wenig angetan ist von einer Verlobung der Tochter mit einem »hässlichen 42-jährigen Kommunisten und Ungläubigen, auch wenn er noch so reich sein mochte«, wird ihm zu Ohren gekommen sein. Schwamm drüber. Schließlich ist auch er vor Frida gewarnt worden:

»Eines Tages nahm mich ihr Vater, Don Guillermo Kahlo, ein hervorragender Fotograf, zu einem vertraulichen Gespräch beiseite und fragte: ›Ich habe den Eindruck, Sie interessieren sich für meine Tochter?‹

›Das kann man wohl sagen‹, antwortete ich, ›sonst würde ich nicht so oft den weiten Weg nach Coyoacán herauskommen.‹

›Wissen Sie, dass sie ein Satansbraten ist?‹, fragte er weiter.

›Ist mir klar‹, nickte ich.

›Also gut, ich habe Sie gewarnt‹, beschloss er das Gespräch.«

Allen wohl doch nicht so ernst gemeinten Unkenrufen zum Trotz heiraten die beiden am 21. August 1929. »Ein Elefant und eine Taube«, spotten die Leute. Tatsächlich zeigt das Hochzeitsfoto ein ungewöhnliches Paar. Ältlich neben jung, groß neben klein, dick neben zart – und es passt! Auch ihre Hochzeitsfeier ist originell. Alle sind da – außer Alejandro. Das Essen ist vom Feinsten – gekocht von Diegos Exfrau Lupe. Man isst Kuchen aus der besten Konditorei der Stadt – auf Diegos Wunsch nicht mit Silberbesteck, schließlich ist er Kommunist und verachtet als solcher jeden Luxus! Pulque, das billige Agavengebräu für jedermann, fließt in Strömen. Für die musikalische Untermalung sorgt eine ihr Bestes gebende Mariachi-Kapelle. Bei den arg gefühlvollen Klängen all der Geigen, Gitarren und Trompeten fällt Lupe dann doch ein bisschen aus der Rolle. Heulend rafft sie ihren Rock und zeigt allen ihre schönen Beine, »die Diego für Fridas Stecken aufgegeben hat!«. Zum Glück ist Diego kräftig genug, die zwei wütenden Frauen zu trennen. Und das sogar ohne Schuss aus der Pistole – mit der er, ganz Revolutionär, sonst so gern herumspielt.

Señora Frida Rivera? Aber nein!

Fridas Doppelporträt »Frida Kahlo und Diego Rivera« (Abb. S. 33) von 1931 ist wohl von einem Foto vom Hochzeitsabend (Abb. S. 28) angeregt. Nach einem Jahr Ehe sieht sie ihr Zusammensein mit Diego immer noch im schönsten Licht. Das Bild erund verklärt ihre Liebe. Ein Vergleich mit dem Hochzeitsbild der

Frida und Diego sind wie ein Elefant und eine Taube – aber es passt!

Eltern spricht Bände. Zuerst fällt auf, dass Frida und Diego auf gute Sitte pfeifen und sich nicht in Mieder und Frack zwängen. Die schleifchenbesetzte Galagarderobe der bürgerlichen Welt in vornehmem Schwarz-Weiß ist ihre Sache nicht! Das Foto des Brautpaares bestätigt den damals unerhörten Stilbruch, wie auch Fridas Bemerkung zur Kleiderwahl für den großen Tag: »Ich lieh mir Rock, Bluse und *rebozo* (Umhängetuch) von unserem Dienstmädchen.« Was sie im gemalten Bild gnädig weglässt, ist ihre Zigarette und Diegos Hut à la Zapatero, dem populären mexikanischen Rebellen. Doch auch so wirken die beiden im Gemälde recht unfestlich – nicht aber unfeierlich.

Dass die beiden so steif und ernst wirken, liegt nicht an Fridas ungelenken Malkünsten. Die fein abgestuften Farben und die Ausdruckskraft des zunächst naiv wirkenden Bildes zeigen Fridas Können. Sie weiß auch, dass nach der Konvention die Frau rechts vom Mann ihren Platz hat. Doch sie stellt das Paar kurzerhand um. Da wir ein Bild wie einen Text instinktiv von links nach rechts lesen, steht nun Diego in seiner ganzen Pracht am »Anfang« breitbeinig da – ein Berg von einem Mann! An diesen Pfeiler darf sich die mit ihren kleinen Füßen kaum den Boden berührende Frida getrost anlehnen. Was sie nicht tut – sie kann ganz gut für sich allein stehen. Schließlich hat sie, der Bildtitel betont es, sogar den Mädchennamen beibehalten, was Diego, der eigenständige Frauen schätzt, gefallen hat. Doch gern reicht sie dem starken Mann an ihrer Seite die Hand. Er hat sich ihrer auch schon würdig erwiesen, hat die Hypothek auf ihrem Elternhaus ausgelöst und ihre Anfänge als Künstlerin unterstützt.

Vertrauensvoll schauen die beiden in eine schöne Zukunft. Die gemeinsame Blickrichtung zeigt, dass sie die gleichen Ziele verfolgen. Oder sind das doch eher seine Ziele? Frida zieht ja wirklich alle Register, um allein Diego herauszustellen. Der ist nicht nur groß, sondern der Größte. Die Bildhöhe reicht kaum aus für sein Format! Frida und die Kunst sind die Pole seines Lebens, Pinsel und Palette die einzige

> **Ich lieh mir Rock, Bluse und *rebozo* von unserem Dienstmädchen.**

Konkurrenz, die Frida neben sich duldet. Sie selbst verzichtet auf ihr Malerwerkzeug und zeigt sich ganz als stolz liebende Ehefrau des großen Genies. Im Gegensatz zum Fels Diego ist an ihr alles in unmerklicher Bewegung, der ihm in Zuneigung zugewandte Kopf, die federleicht aufliegende Hand, der weite Rock. Schützend umhüllt der rote Umhang Frida wie ein Mantel aus glühender Liebe.

Es lebe Mexiko!

Hebt sich der rote Schal nicht schön vom dunkelgrünen Kleid ab? Die Farbwahl zeugt von Fridas sicherem Geschmack. Zugleich gibt uns die Kombination einen Hinweis auf ihre zweite große Liebe neben Diego. Was, immer noch Alejandro?! Nein, Mexiko. Rot und Grün – da fehlt nur Weiß zu den Farben der mexikanischen Nationalflagge! Und erinnern das kitschige rosa Täubchen und das schnörkelige Schriftband nicht an die bunten Votivbildchen, die zum Dank für überwundenes Leid und wundersame Heilung in allen mexikanischen Kirchen hängen? Auch Fridas romantisches Rüschenkleid ist Mexiko pur. Vorbei die Zeiten, als sie mit Hosen und Overalls riskiert, dass man ihr »Widerwärtiges Ding!« hinterher ruft? Zunächst mal hat sie mit den schwingenden Röcken nur im Sinn, ihrem Lieblingsmexikaner zu gefallen: »Zu anderen Zeiten kleidete ich mich wie ein Junge, mit kurzgeschorenem Haar, Hosen, Stiefeln und einer Lederjacke, aber wenn ich mich mit Diego traf, legte ich mein Tehuana-Gewand an.« So auch hier. Der Rock mit angekräuseltem Volant gehört wie das Tuch zur Tracht, die am Golf von Tehuantepec getragen wird. Die Frauen dieser tropisch heißen Gegend im Süden des Landes waren schon immer besonders emanzipiert. Bis heute haben sie – im Land des Macho-Mannes schlechthin –, bei geschäftlichen und finanziellen Dingen ein Wörtchen mitzureden und entsprechend viel Selbstbewusstsein. Kein Wunder, dass im Zuge der Aufbruchstimmung im Mexiko der zwanziger und dreißiger Jahre die Tracht bei fortschrittlichen Frauen beliebt wird. Für Frida ist sie auch deshalb wie geschaffen, weil die langen Röcke ihr dünneres Bein verbergen. So wird das altmodisch-verspielte Kostüm geradezu ihr Markenzeichen – zu Diegos Freude, der ja schon immer sagte, dass »die klassische mexikanische Kleidung von einfachen Leuten für einfache Leute gemacht ist. Mexikanerinnen, die sie nicht tragen wollen, gehören nicht zu diesem Volk.« Das sieht

Zu anderen Zeiten kleidete ich mich wie ein Junge, aber wenn ich mich mit Diego traf, legte ich mein Tehuana-Gewand an.

Frida genauso. Auch sie steht aufseiten der »einfachen Leute«. Um deren Los zu verbessern, tritt sie, unabhängig von Diego, schon 1928 der kommunistischen Partei bei. Wie glücklich ist sie nun, neben ihrem Diego in vorderster Front auf Demonstrationen zu

Frida und Diego sammeln alles, was Mexikos reiche, bunte Volkskunst so zu bieten hat. Neben ihren Schätzen sieht Frida fast wie das schönste Stück ihrer Sammlung aus.

marschieren! Mexiko muss frei werden von aller Bevormundung! Mexiko hat seine eigene Kultur! Vierhundert Jahre lang haben die Spanier die Indios geknechtet! Sie haben der aztekischen Kultur den Garaus gemacht. Sie haben den Ureinwohnern ihr Land genommen und die Bodenschätze ausgebeutet. Sie haben die Regierung an sich gerissen und die Menschen gezwungen, spanisch zu sprechen und den katholischen Glauben anzunehmen. An die Stelle der Pyramiden waren Kirchen und Amts-Paläste im europäischen Stil getreten. So lang dies alles her ist und so sehr sich die Bevölkerung inzwischen vermischt hat – noch immer herrscht in Mexiko Unterdrückung und noch immer sind die Indios die Ärmsten der Armen.

Alles, was zu Fridas Zeit vom mächtigen Reich der Azteken übrig ist, sind, außer den Ruinen, einige Sitten und Gebräuche, Schmuck, Masken und Götterstatuen. Frida und Diego sammeln

So ist sie bald ein wandelndes Schatzkästlein voller seltsamer alter Bräuche, abergläubischer Vorstellungen, gefühlvoller Lieder von Liebe und Leid und Geschichten mit und ohne Gespenstern.

mit wahrer Hingabe diese Kunstwerke und Gebrauchsgegenstände, die man wegen ihrer Herkunft aus der Zeit vor Kolumbus »präkolumbisch« nennt. Diego träumt vom Bau eines Museums für seine Funde. Frida aber lebt tagtäglich inmitten all ihrer Skulpturen, Möbel, Tongeschirre, Korbflechtereien, Webteppiche, Strohpüppchen, Votivbilder, Blechspiegel, Masken und Unmengen von Spielzeug. Eben alles, was Mexikos reiche, bunte Volkskunst so zu bieten hat! Ihre Sammlung umfasst von der wertvollen Götterstatue bis zum populären Totenkopf aus Zuckerguss und zeitgenössischem Kitsch einfach alles – inklusive Schmuck. Den liebt sie ganz besonders. Ein Foto von 1940 (S. 31) zeigt sie glücklich lächelnd in ihrem reichbestückten Wohnzimmer. Neben der riesigen Judasfigur, einem Monstrum aus Pappmaché, das man in Mexiko bei den Osterumzügen durch die Straßen trägt, wirkt sie wie eine zierliche Tehuana-Puppe – als wäre sie selbst das schönste Stück der Sammlung.

Fridas Liebe zur mexikanischen Kultur erschöpft sich nicht in Kunst und Krempel. Sie interessiert sich auch brennend für alles, was man in den Straßen, Häusern und Hütten so singt und erzählt. So ist sie bald ein wandelndes Schatzkästlein voller seltsamer alter

Frida und Diego pfeifen auf gute Sitte.
So wirken die beiden zwar recht
unfestlich – nicht aber unfeierlich.
Schließlich ist es ihr Hochzeitstag!

33

Bräuche, abergläubischer Vorstellungen, gefühlvoller Lieder von Liebe und Leid und Geschichten mit und ohne Gespenstern. Und sie kennt alle möglichen und unmöglichen Kraftausdrücke. Mit denen, begleitet von ihrem tiefen rauen Lachen, schockiert sie gern ihre gutbürgerliche Umgebung. Alles im Dienst der Sache, um ihr Gemeinschaftsgefühl mit den unteren Millionen auszudrücken! Ja, die vornehme Schöne des »Botticelli-Selbstporträts« hat sich unter Diegos Einfluss in eine waschechte Mexikanerin verwandelt. Und die geht jetzt auf Reisen – in die USA.

Kobaltblau – Elektrizität und Reinheit. Liebe

Let's go to San Francisco! Zu Gast bei den Gringos.

Schon 1929 ist Diego Rivera eine Berühmtheit. Doch die Zeit, in der vom Staat Aufträge für Wandmalerei vergeben werden, um die vielen, die nie lesen gelernt haben, durch Bilder zu erziehen und zu belehren, ist vorbei. Nur den Starmaler Diego ehrt die neue Regierung noch mit einem großen Auftrag für Fresken im Nationalpalast. Bei seinen Parteigenossen, die von den neuen Machthabern verfolgt werden, gilt er damit endgültig als Freund der verhassten Kapitalisten. Nach seinem Ausschluss aus der inzwischen verbotenen Partei tritt aus Protest auch Frida aus. Während Diego nun mit gewohntem Arbeitseifer die Wände des Regierungssitzes in riesenhafte Panoramen der mexikanischen Geschichte verwandelt, erhält er eine Einladung nach San Francisco, verbunden mit gut bezahlten Aufträgen. Sein Ruhm zieht Kreise! Diego und Frida ergreifen die Chance, dem Klima der Unterdrückung in Mexiko zu entkommen. Ende 1930 erreichen sie, nach einigen Einreiseproblemen wegen ihrer kommunistischen Gesinnung, Kalifornien.

Noch nie hat Frida Mexiko verlassen. Nicht, dass sie von der Welt nichts wüsste! Mit dem Finger auf der Landkarte ist sie schon

überall gewesen – auf den Flügeln ihrer regen Phantasie. Die Idee, mit Alex nach Amerika zu gehen, blieb nun leider ein Traum. Auch einen anderen Traum, den sie als Kind hatte, hat sie nie vergessen: da winkt sie zum Abschied vom Schiff aus ihren Lieben zu – auf dem Weg nach San Francisco. Vielleicht waren es ernste

Mit ihrer im modernen Amerika noch malerischer wirkenden Garderobe zieht Frida die Aufmerksamkeit auf sich – nicht als Künstlerin, sondern als niedliche »Frau an seiner Seite«.

Gespräche der Erwachsenen über das schreckliche Erdbeben, das San Francisco 1906 erschütterte, die diese 3000 Kilometer entfernte Stadt am Pazifischen Ozean in Fridas Kindheitsträumen herumgeistern ließen. Und dieser Traum wird nun wahr! Auch wenn San Francisco mit seinen 400 000 Einwohnern nicht an Mexiko-Stadt heranreicht, das um 1930 bereits über eine Million Einwohner hat – für Frida ist ihr Traumziel schon von vornherein eine »Weltstadt«.

»Die Stadt und die Bucht sind überwältigend schön«, schreibt sie bald an eine Freundin. Und sie muss es wissen – schließlich durchstöbert sie mit Diego nun seit Wochen voller Entdeckerfreude den neuen Wohnort. Museen, Theater, Fußballspiele, Fabriken, Goldminen, Obstplantagen, bürgerliche Wohnviertel und ärmliche Vororte – die beiden interessieren sich für alles. Die Herrenhäuser lernen sie auch von innen kennen, auf Nobelpartys, wo sie als exotische Freigeister aus dem exotischen Nachbarland herumgereicht werden. Mit ihrer im modernen Amerika noch malerischer wirkenden Garderobe zieht Frida die Aufmerksamkeit auf sich – nicht als Künstlerin, sondern als niedliche »Frau an

Fridas Lieblingsbild! Schon als Kind saugt
sie die Kultur ihrer Vorfahren bei ihrer
Amme auf.

Frida unnahbar: Ihr direkter Blick bannt
uns – und stößt uns zugleich zurück.

seiner Seite«. Frida ist von den Nordamerikanern nicht ganz so angetan wie die von ihr. Nach außen hin ungewohnt still in der fremden Umgebung, zieht sie in Briefen an die Lieben daheim ordentlich vom Leder: »Gringo-Leute kann ich nicht ausstehen. Sie sind langweilig und haben Gesichter wie ungebackene Brötchen, besonders die alten Frauen.« Viel besser als die Empfänge in den vornehmen Salons gefällt ihr das wuselnde Leben in den ärmeren Vierteln der Stadt. Vor allem China-Town hat es ihr angetan. Während Diego an seinen Wandbildern arbeitet, zieht es sie immer wieder zu den »enorm sympathischen« Chinesen, bei denen sie Spielzeug »Made in China« und Unmengen von Seidenstoffen einkauft. Bei so vielen neuen Eindrücken muss die Kunst erst mal zurückstehen. Wenn Frida malt, dann Porträts ihrer neuen Bekannten. Auch ihr nachträgliches Vermählungsbildnis entsteht hier – als Geschenk für den Freund, der ihnen bei der Einreise behilflich war. Ansonsten aber ist sie lieber unterwegs und im Museum als daheim vor der Staffelei. Und dann ist es schon Zeit, mal wieder in China-Town vorbeizuschauen!

New York, New York!

Kaum ist das Paar im Juni 1931 wieder daheim, folgt schon die nächste Einladung in die USA. Diego soll in New York eine große Ausstellung erhalten. Welche Ehre! In New York! Das ist jetzt aber wirklich eine Weltstadt – ja die Metropole schlechthin! Superlative, wo man hinschaut – dieses Jahr erst war mit dem Empire State Building das höchste Gebäude der Welt hinzugekommen. Schon im November 1931 beziehen Frida und Diego ihr Appartement in einem Hotel am Central Park. Wieder lassen sie sich in den Strudel des Neuen hineinziehen. Wieder gibt es Partys bis zum Abwinken und wieder ist Diego bald ganz von der Arbeit eingenommen. Also zieht Frida eben alleine los. Doch diesmal will Begeisterung nicht recht aufkommen. New York ist laut und hektisch, und der eisige Winter ist nicht die beste Zeit für eine sonnenverwöhnte Mexikanerin, um diese Stadt lieben zu lernen. Zudem fallen die Folgen des Börsenkrachs von 1929 hier wohl stärker ins Auge als im eher idyllischen San Francisco. Und das trifft bei Frida einen empfindlichen Nerv: »Diese Gesellschaft stößt mich ab, und ich habe eine ziemliche Wut auf all die reichen Menschen hier, wo ich doch Tausende im größten Elend gesehen habe, die nicht das Nötigste zum Essen und Schlafen haben.« Das klingt ernüchtert, ja gar nach Abneigung, wenn sie weiter schreibt: »Obwohl ich den technischen und industriellen Fortschritt hier bewundere, finde ich, dass den Amerikanern jedes Gefühl und guter Geschmack abgehen. Sie leben in einem riesigen schmutzigen und ungemütlichen Hühnerpferch. Die Häuser sehen aus wie Backöfen, und der ganze Komfort, von dem sie dauernd reden, ist bloß ein Märchen.« Kein Wunder, dass Frida bei aller Freude an Diegos Erfolg und den vielen neuen Kontakten Heimweh hat! Am wohlsten fühlt sie sich da noch im dunklen, warmen Kino.

Diese Gesellschaft stößt mich ab, und ich habe eine ziemliche Wut auf all die reichen Menschen hier, wo ich doch Tausende im größten Elend gesehen habe.

Hier sorgen *Dick und Doof* und die *Marx Brothers* für Erheiterung. Und wenn im Film *King Kong*, der Riesengorilla aus der Wildnis, unglücklich im Großstadtdschungel New Yorks herumtappt und seine Wut an Autos und Hochbahnen auslässt, sieht sie das vielleicht sogar mit gewisser Genugtuung …

Die Autostadt Detroit

Diego hat eine wahre Glückssträhne. Kaum ist die Ausstellung in New York abgefeiert, erhält er einen Auftrag in Detroit. »Er heißt Carmen«, stellt Diego Frida in seinem drolligen Englisch dort im April 1932 vor. Wegen des aufkommenden Faschismus in Deutschland weigert er sich nun, sie bei ihrem deutschen Namen »Frieda« zu nennen – woraufhin man sich später auf »Frida« einigt – das klingt weniger deutsch. Das Bild, das er hier an die Wand des Kunst-

In dieser nüchternen, profitgierigen, technikverliebten Stadt vermisst sie die Farben Mexikos, die üppige Natur, das Temperament der Menschen und die Schärfe des mexikanischen Essens noch mehr.

museums malen soll, reizt ihn sehr. Mit dem Thema »Die Industrie von Detroit« kann er sich einen Wunschtraum erfüllen und seine Vision von Mensch und Maschine in Bilder bannen. Im Gegensatz zu Frida ist er nämlich – böser Kapitalismus hin oder her – inzwischen fasziniert von der Technik, von Autos, Flugzeugen, Eisen und Stahl. Wo ließe sich das alles besser studieren als in Detroit? Hier hat der Fabrikant Henry Ford für die schnelle und billige Fertigung seiner Autos das Fließband erfunden. Verglichen mit New York aber wirkt die ganz von der Autoindustrie vereinnahmte Stadt auf Frida »wie ein armseliges Dorf.« Wenn es wenigstens ein gemütliches Dorf daheim wäre! In dieser nüchternen, profitgierigen, technikverliebten Stadt vermisst sie die Farben Mexikos, die üppige Natur, das Temperament der Menschen und die Schärfe des mexikanischen Essens noch mehr. Wenn sie nun wahllos Nougat, Karamellbonbons, Apfelmus und Käse in sich hineinstopft, kann das nur eins bedeuten – ganz arges Heimweh!

Auch Diego wird ihr immer fremder. Wie in New York, wirft er sich auch hier gleich ins Gesellschaftsleben der Highsociety und dafür in Schale. Ein Kommunist im Dinner-Jackett! Ein Unding für Frida. »Ein Kommunist kann gar nicht gut genug angezogen sein!«, so seine launige Antwort. Ist das noch ihr Diego? Der mit den Armen für eine bessere Welt kämpfte? »Für die Industrielandschaft hier empfinde ich die gleiche Begeisterung, die ich vor zehn Jahren, als ich nach Mexiko zurückkam, für die Natur fühlte«, schreibt Diego aus Detroit an einen Freund. Tja – typisch Mann! Fridas kleinformatiges »Selbstbildnis auf der Grenze zwischen Mexiko und den USA« (Abb. S. 43) von 1932 wirkt wie eine Antwort auf diese Schwärmerei.

Links Mexiko, rechts die USA. In der Mitte Frida. Das klingt nach Versuchsanordnung. Fein gekleidet und flach wie eine Ausschneidepuppe steht sie auf einem Sockel. »Carmen Rivera« nennt sie sich – ganz die reizende Gattin des berühmten Mannes, als die man sie in Amerika wahrnimmt. Mit dem übergestülpten neuen Ich steht sie zwischen den Welten hinter ihr. Das Ganze erinnert an Bilder des Jüngsten Tags über den Türen mittelalterlicher Dome. Frida nimmt den Platz des Weltenrichters zwischen Gut und Böse ein. Mexiko steht, von ihr aus gesehen, auf der Paradies-Seite. Doch das ist ein seltsamer Garten Eden! Bröckelnde Mauern, spukhafte Götterstatuen und ein Totenkopf aus Stein liegen vor einer Pyramide. Auch die wie im Lehrbuch aufgereihten Pflanzen haben nichts Freundliches. Ihre Wurzeln wirken wie Krallen oder Skelettfinger. Selbst Sonne und Mond haben was Düster-Dämonisches.

Dagegen erscheint die »Hölle« auf der anderen Seite ja direkt hell und lebendig! Die Betonmischer sehen mit ihren Krakenarmen aus wie eine Parade lustiger Roboter. Triumphierend heben Rauchschwaden aus den mit »FORD« beschrifteten Schloten eine Flagge der USA in den Himmel. Blitzblanke Elektrogeräte

Frida als »Grenzgängerin«! Weder hier
noch dort, Frida gehört in keine der
beiden Welten.

warten auf ihren Einsatz. Wie links alles tot wirkt, so haben die toten Dinge rechts ein Eigenleben. Sie bevölkern ein Eldorado der Technik, in dem kein Baum, kein Strauch und kein Mensch zu sehen ist. Diese Zukunftswelt ist momentan Fridas Gegenwart. In punkto Trostlosigkeit ist sie nicht besser oder schlechter als Mexiko, das Land der Vergangenheit. Frida gehört nirgends richtig hin (während Diego sich überall gleich zuhause fühlt!). In der Körperhaltung aber zeigt sie, dass ihre Zuneigung doch der alten Welt gilt. Hier ist zwar alles Geschichte, doch die Natur hat breiten Raum zur Entfaltung. Mit ihrer Energie kann sie aus dem Verfall jederzeit eine neue Blüte zaubern! Fabriken und Wolkenkratzer hingegen gehören zu einer Kultur, die Natur und Menschen erst ausbeutet und dann verdrängt. Hier gibt nur der Fortschrittsglaube den Ton an. Und er sucht sich Mittel und Wege, um auch den Rest der Welt zu beglücken: Auf den ersten Blick weniger bedrohlich als die nach Mexiko gerichteten Betonmischer, tasten sich die Stromkabel schon heimlich, still und leise vor, um das rückständige Nachbarland zu unterwandern – eine Eroberung Mexikos der anderen Art! Vielleicht hat dies auch sein Gutes? Die Steckdose im Sockel und das wie eine Stütze unter Fridas Rock kriechende Metallrohr zeigen, dass Frida von den modernen technischen Errungenschaften auch Kraft und Hilfe erhält. Träumt sie von einer Verbindung von Natur und Technik, von der beide Kulturen profitieren? Auch diese Deutung ist möglich. So klar das Bild zunächst wirkt, so vielschichtig ist es bei näherer Betrachtung.

Ehrlich gesagt – Ich bin fremd hier

Fridas negatives Bild der USA und speziell Detroits hängt sicher auch mit dem Schicksalsschlag zusammen, der sie hier trifft. Schon 1930 hatte sie eine Fehlgeburt; nun verliert sie im vierten Monat der Schwangerschaft ihr zweites Kind. Sie ahnt, dass sie niemals Mutter werden wird. Die Unterleibsverletzungen durch den

Unfall vor sieben Jahren verhindern das Austragen eines Babys –
da kann auch die moderne amerikanische Medizin nicht helfen.
Diego, der schon zwei Töchter hat, nimmt das gelassen. Das mag
Frida erleichtert, aber auch enttäuscht und ihr Gefühl von Einsamkeit verstärkt haben.

Die schmerzlichen Ereignisse reißen nicht ab. Hat Frida nach
dem Aufenthalt im Hospital mehr Heimweh denn je, so führt ein
trauriger Anlass sie nun nach Hause. Ihrer Mutter geht es schlecht.
Frida reist ganz allein den langen
Weg per Bahn nach Mexiko.
Einige Tage später stirbt Matilde.
Frida bleibt noch fünf Wochen
daheim bei ihrem Vater. Schon zu
Beginn der Reise sind ihre Brie-
fe an Diego voller Sehnsucht:

> Es ist grässlich, ohne Dich
> zu sein. Ich bin mehr denn
> je in Dich verliebt, und es
> wird immer stärker.

»Mir ist, als hätte ich mein Kind ausgesetzt, und ich weiß, dass Du
mich brauchst. Ich kann ohne meinen süßen Kleinen nicht leben.
Ohne Dich ist das Haus leer. Es ist grässlich, ohne Dich zu sein. Ich
bin mehr denn je in Dich verliebt, und es wird immer stärker.«

Wer braucht denn hier wen? Fridas Liebesbriefe sind ein
Kapitel für sich. Ob an Alex oder Diego – stets sind ihre Zeilen
voll Liebe und Sehnsucht. Vielleicht etwas zu überschwänglicher
Liebe und Sehnsucht? Offenbar kann Frida ihren Liebsten einfach nicht loslassen, auch nicht für kurze Zeit. Jeder Brief ist ein
Versuch, ihn ganz zu besitzen. Fridas Angst, verlassen zu werden,
schläft nie. Je größer diese Angst, desto zärtlicher ihr Liebesgeflü-
ster. Diego gegenüber verwendet sie eine Art Babysprache, auf die
dieser sich gerne einlässt. Die Rolle des bemutterten Kindes oder
des unartigen Lausbuben gefällt ihm ganz gut! Doch einen 46-jäh-
rigen Mann als »ausgesetztes Kind« und »süßen Kleinen« anzu-
sprechen, klingt schon arg wunderlich. Frida scheint nun Diego
an die Stelle des verlorenen Babys zu setzen. Hat sie nicht schon

zur Schulzeit davon geträumt, Diego zu baden und zu pflegen? Zu dieser Besessenheit passt auch die Geburtsanzeige ihres Sohnes Leonardo, die sie sich 1925 nach dem Unfall im Krankenhaus in kunstvoller Schrift auf einer Karte »ausgemalt« hat. Ahnte sie schon damals, dass dies ein Traum bleiben würde? Die Hoffnung gibt sie nie auf. Sie wird weitere Fehlgeburten haben. Und nach

Wenn's um die Verbesserung seiner kostbaren Laune geht, ist Diego jedes Mittel recht. Eigentlich braucht er da nur eins – ein bisschen Liebe.

jeder Enttäuschung vermehrt sich die Zahl ihrer Ersatzlieblinge – Tiere und Puppen, die bald das ganze Haus bevölkern. Auch die Schwäche für Spielzeug hatte sie schon immer. So bittet sie Alex am Ende eines leidvollen Briefs vier Wochen nach dem Unfall, ihr doch wieder so ein Schirmchen mitzubringen, »wie wir ihn an dem Tag verloren haben«. Als wäre nichts weiter geschehen! Dinge haben für Frida eben eine Seele. Die Namen, die sie ihnen gibt, die Pflege, mit denen sie Tiere und Puppen verhätschelt, zeigen, dass sie sich mit Spielsachen eine zweite Welt schafft – ähnlich der, in die sie als Mädchen mit ihrer ausgedachten Freundin schlüpfte.

Ach Diego!

Ist wenigstens die Rückkehr nach Mexiko ein Lichtblick in dieser schweren Zeit? Für Frida schon, für Diego weniger. Er wäre viel lieber noch in den USA geblieben! Dass er ihrem Drängen nachgegeben hat, vermiest ihm gründlich die Laune. Daran ändert auch der Umzug in das neue Haus nichts. Hier wohnt das Paar jetzt, nicht weit von Coyoacán, im vornehmen-stillen Vorort

Quietschbunt ist das Bild, das der Louvre
von Frida für seine Sammlung erwirbt.
Kein anderer mexikanischer Künstler
hatte das zuvor geschafft!

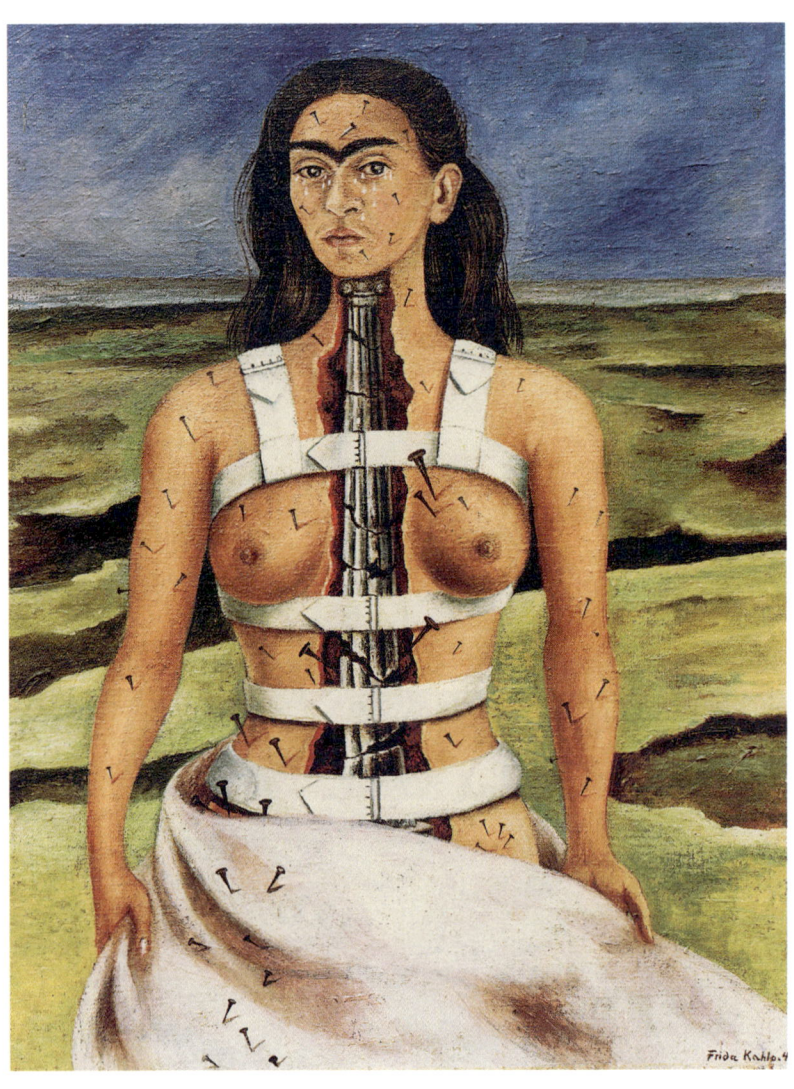

Fridas Körper ist wie eine alte,
gebrochene Säule. Viele kleine Nadelstiche
bohren sich in alle Stellen ihres Körpers.

San Angel, in einem von Diego entworfenen hochmodernen Atelierhaus. Dieses besteht eigentlich aus zwei Häusern: einem großen Würfel für ihn und einem kleineren für Frida, verbunden durch eine hochgelegene Brücke. Na zum Glück ist hier jeder schön für sich, bei der angespannten Stimmung!

Wenn's um die Verbesserung seiner kostbaren Laune geht, ist Diego jedes Mittel recht. Eigentlich braucht er da nur eins – ein bisschen Liebe. So nutzt er die neue Wohnsituation prompt für ein heimliches Verhältnis mit Fridas viel umgänglicherer Schwester Cristina. Dass er ein Frauenheld ist, weiß Frida schon lange. Doch diesmal geht er zu weit. Diese Affäre ist ein doppelter Vertrauensbruch und tut richtig weh. Ausgerechnet Cristina! Fridas Lieblingsschwester, mit der und deren Kindern sie sich täglich trifft, ist zur Rivalin geworden. Was macht man da? Frida tobt. Sie schneidet sich die Haare ab. Sie verbannt die Tehuana-Röcke in den Schrank. Sie verreist. Sie nimmt sich eine eigene Wohnung. Sie hat eine Affäre mit einem Bildhauer. Sie fährt nach New York. Und sie kehrt zurück. Zu Diego. »Warum will es nicht in meinen sturen

Nach außen hin offen und fröhlich, verführerisch, frech und voller Selbstironie, verbannt sie den Schmerz von nun an in ihre Bilder.

Kopf, dass die Weibergeschichten, die ›Englischlehrerinnen‹, die Zigeunermodelle, die ›hilfsbereiten‹ Assistentinnen, die an der ›Kunst der Malerei‹ interessierten Schülerinnen und die ›wichtigen Botschafterinnen von weit her‹ nur ein *Zeitvertreib* sind und *Du und Ich* uns im Grunde *von Herzen* lieben? Und wir werden uns immer lieben, auch wenn wir Affären haben, Türen zertrümmern und uns über Landesgrenzen hinweg bös beschimpfen.«

Ja, Frida hat wenig von der typisch mexikanischen Ehefrau ihrer Zeit. Die nähme den neusten Seitensprung des Göttergatten als wiederkehrende Naturgewalt hin. Sie würde sich im stillen Kämmerlein ausweinen, die Madonna von Guadalupe um Demut und Stärke bitten, um dann pünktlich in der Küche das Abendessen vorzubereiten. Zwar findet auch Frida sich mit Diegos Schwäche fürs weibliche Geschlecht ab – wie auch mit ihrer Kinderlosigkeit und den ständigen Schmerzen in Bein und Rücken. Doch sie führt nun immer mehr ihr eigenes Leben. Nach außen hin offen und fröhlich, verführerisch, frech und voller Selbstironie, verbannt sie den Schmerz von nun an in ihre Bilder. Was dabei mehr Maske ist – ihre Heiterkeit im Umgang mit anderen oder der Ernst der vielen Selbstporträts, die sie nun malt, bleibt unentschieden. Es gibt eben zwei Fridas.

Dunkelgrün – schlechte Nachrichten und gute Geschäfte

Meine Amme und ich. Zurück zu den heimischen Wurzeln!

Man könnte fast meinen, dass erst Kummer und Leid Frida zur Künstlerin gemacht haben. Nachdem sie im Trubel der Zeit in Amerika nur ab und zu ein Bild gemalt hat, meistens Porträts, wagt sie sich nun an ungewöhnlichere Themen. Die führen sie weit in die Vergangenheit zurück. Da ist das Bild »Meine Großeltern, meine Eltern und ich« von 1936, das von Fridas Herkunft erzählt. 1937 malt sie »Meine Amme und ich« (Abb. S. 37). Während die Ahnentafel von 1936 mit den abgemalten Porträtfotografien noch recht steif wirkt, hat das Ammen-Bild einen ganz eigenen zauberhaften Reiz – nicht umsonst ist es Fridas Lieblingsbild!

Groß und dunkel ragt die Figur der Amme vor der Blätterwand in den Nachthimmel. Sie wirkt unnahbar wie eine Göttin. Ihr Körper aber ist weich und warm, wie auch die Hände, mit denen sie die kleine Frida hält. Die liegt entspannt auf ihrem Schoß – als Kind mit dem Kopf einer Erwachsenen. Die Brust in Form eines blühenden Baums schenkt ihr Milch im Überfluss. Auch das weiße Kleidchen wirkt wie ein Milchstrom. Selbst vom Himmel tröpfelt ein milchiger Regen – die Natur verschwendet sich über alles, was um sie ist. Auffällig ist das Blatt, das alle anderen überragt. Es ist ein Stechapfelgewächs, das seine Unterseite nach vorn dreht und somit »nach hinten« schaut. Die Pflanze ist der Schlüssel zu einer tieferen Bedeutung des Bildes. Die Ureinwohner Mexikos verwendeten sie zur Heraufbeschwörung der Ahnen. Auch das Bild ist eine Rückerinnerung. Frida versetzt sich in ihre ersten Monate zurück. Doch nicht die Mutter wird durch die Zeitreise beschworen, sondern eine Amme. Tatsächlich war Fridas Mutter nach Cristinas Geburt zu schwach, um zwei Kinder zu stillen. Bei ihrer Amme, einer Indiofrau, erhält Frida Nahrung im Überfluss – nicht aber echte Mutterliebe. Sieht die Amme in dem Bild das Frida-Kind deshalb nicht an? Klingt hier eine nie »gestillte« Sehnsucht Fridas nach Nähe zu ihrer Mutter an? Frida weiß, dass diese vor ihr einen Jungen bekommen hatte, der bei der Geburt starb. Matilde war untröstlich gewesen. Erst mit einem männlichen »Stammhalter« hatte eine Frau dieser Zeit ihre Pflicht der Familie gegenüber erfüllt! Umso enttäuschter war ihre Mutter wohl, als sie mit Frida wieder ein Mädchen gebar. Hat Frida das Gefühl, schon als Unglück auf die Welt gekommen zu sein? Vielleicht liegen hier die Wurzeln ihrer Spannungen mit der Mutter wie auch ihres schwankenden Selbstwertgefühls.

Es gibt höchstens vier oder fünf Leute, die meine Bilder gut finden, alle anderen halten sie für verrückt.

Andererseits saugt Frida auf dem Bild bei der Frau aus dem Volk die Indiokultur gleichsam mit der Muttermilch auf. Da Fridas Großvater mütterlicherseits ein Indio war, darf sie sich ja mit einigem Recht als Indiofrau sehen! Gehört in Mexiko einiger Mut dazu, sich zu dieser »niederen« Herkunft zu bekennen, so ist Frida, die Vorurteile stets hasste, sogar stolz darauf.

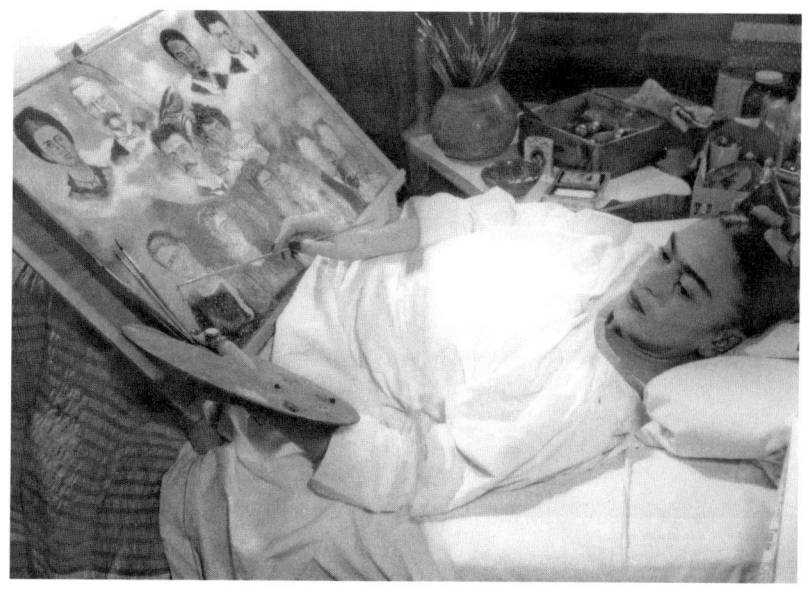

Das Malen lässt Frida eine Zeit lang ihre Schmerzen vergessen. Viele ihrer Bilder entstehen im Bett.

Das aufregendste Ereignis in Manhattan

»Es gibt höchstens vier oder fünf Leute, die meine Bilder gut finden, alle anderen halten sie für verrückt«, schreibt Frida 1938. Warum so bescheiden? Frida behauptet sich doch in der Männerdomäne Malerei inzwischen mit Bravour! Eine Ausstellung ihrer Bilder in New York! Begeisterte Artikel über sie im *Time Magazine* und in der *Vogue*! Was will man mehr? Frida ist nun ein Star und Filmstars wie Edward G. Robinson kaufen ihre Bilder. »Für das Geld hätte er was Besseres haben können«, bemerkt oder besser, kokettiert sie. Denn ihre Auftritte sind durchaus nicht die eines Veilchens im Moos, sondern zeigen eine selbstbewusste Künstlerin. Mit Anmut, Intelligenz, Witz und Charme, gepaart mit Temperament und dem mexikanischen Flair ihrer hinreißend schönen Kleidung setzt sie sich geschickt selbst als Kunstwerk in Szene.

Letztlich hat sie das alles Diego zu verdanken. Seine Flirts haben zwar nicht ihre Liebe gemindert, wohl aber ihre Fixierung auf ihn. Das macht Frida um einiges selbstständiger. Was Diego kann, kann sie auch! Dies gilt für Affären wie für die Malerei. Sogar Leo Trotzki, Diegos angebeteter Held der Russischen Revolution, interessiert sich für die kleine Friducha! Diego selbst hat den aus Russland verbannten und vom Geheimdienst verfolgten Politiker, der als lebende Legende in der Welt herumzieht, nach Mexiko geholt. Zwei Jahre lebt Trotzki ab 1937 mit seiner Frau Natalia in Fridas Elternhaus. Ihre Liebelei mit dem steifen Gelehrten, den sie neckisch »kleiner Ziegenbart« oder »Alterchen« nennt, macht Diego schwer zu schaffen. Sein verehrter Held – mit seiner ergebenen Frau! Als Frida merkt, wie weh sie Natalia damit tut, fällt es ihr leicht, die Affäre in ein Freundschaftsverhältnis zu verwandeln. War das Ganze von vornherein nichts als ein Rachefeldzug gegen Diegos unverzeihliche Liebschaft mit ihrer Schwester?

Doch Diego ist kein Spielverderber. Er fördert Fridas Malerei, wo er kann. Er fädelt ihre ersten Verkäufe ein. Er drängt sie auszustellen, in Mexiko und in New York. »Ich empfehle sie Ihnen nicht als Ehemann, sondern als Bewunderer ihrer Arbeit, die beißend und zart ist, hart wie Stahl und fein wie ein Schmetterlingsflügel«, schreibt er einem Kunstkritiker.

Besonders die New Yorker Ausstellung von 1938 wird ein Triumph. Für das *Time Magazine* ist sie »das aufregendste Ereignis der Woche«. Die *Vogue* berichtet von der schönen Malerin wie von einem angehenden Star. Frida lässt sich das gern gefallen. Der Ernst ihrer Selbstporträts und ihr strahlendes Auftreten in der Öffentlichkeit bilden für sie keinen Widerspruch. Auch sie ist »Stahl« und »Schmetterlingsflügel« in einem. Das sieht auch

André Breton so, der schreibt: »Die Kunst der Frida Kahlo ist wie ein farbiges Band um eine Bombe.« Der Satz ist ein Ritterschlag. Damit ist sie im Kreis der Surrealisten aufgenommen – als einzige Frau und vom Begründer der Bewegung höchst selbst! Bretons Umschreibung für Fridas Malerei zeigt zugleich, was der Surrealismus will: das Unmögliche zusammenbringen, das Unvereinbare vereinbaren. Das geht nur im Traum. Träume und damit das

Ich hatte keine Ahnung, dass ich surrealistisch male. Das einzige, was ich weiß, ist, dass ich male, weil ich muss, und dass ich immer male, was mir durch den Kopf geht.

Unterbewusste und Phantastische stehen im Zentrum der von Paris ausgehenden Kunstrichtung, zu deren wichtigsten Malern Max Ernst und Salvador Dalí gehören. Zweifellos hat Fridas Kunst damit viel gemeinsam. Aufmarschierende Maschinen, eine Brust mittels Röntgenblick als blühenden Baum und sich selbst als Mischwesen von Baby und Frau darzustellen, das liegt ganz auf Linie des Surrealismus. Doch Frida kann sich mit der Einordnung nicht recht anfreunden. Belustigt schreibt sie: »Ich hatte keine Ahnung, dass ich surrealistisch male, bis André Breton kam und es mir sagte. Das einzige, was ich weiß, ist, dass ich male, weil ich muss, und dass ich immer male, was mir durch den Kopf geht.« Tatsächlich liegt ihren »surrealistischen« Verfremdungen immer etwas Selbsterlebtes zugrunde. Motive wie das der körperlichen Verletzung, das auch bei Surrealisten oft vorkommt, hat sie am eigenen Leib erfahren. Und, wie Breton auf seiner Mexikoreise selbst feststellt – Frida kommt aus einem Land, dessen Landschaft, Architektur und Götterwelt an sich schon viel Phantastisches haben!

Paris – Bei den »großen Tieren des Surrealismus«

Frida hält es nicht lang daheim. Breton hat ihr die Teilnahme an einer Mexiko-Ausstellung in Paris versprochen. Ihre Erwartungen sind hoch – der erste Europabesuch! Wie hat sie vor zwölf Jahren Alex um seine Tour durch die Alte Welt beneidet … Zwar lässt sie Diego nur ungern allein, man weiß ja nie, was der wieder treibt! Aber im Zuge ihrer neuen Selbständigkeit darf sie sich die Gelegenheit nicht entgehen lassen. Im Januar 1939 kommt sie im bitterkalten, neblig grauen Paris an. Die Ernüchterung folgt auf dem Fuß. Warum muss sie auch immer im Winter verreisen? Doch es liegt ja nicht nur am Wetter. Wieder erweist sich Frida als, nun ja, temperamentvolle Briefschreiberin: »Seit meiner Ankunft hier herrschte ein schreckliches Durcheinander. Ich war fuchsteufelswild, weil die Ausstellung noch gar nicht organisiert war. Breton hat nicht mal meine Bilder vom Zoll abgeholt! Überhaupt könnt Ihr Euch nicht vorstellen, was dieser Breton für eine alte Küchenschabe ist, und seine Surrealisten – alles Trottel.« Nicht, dass sie dies nicht näher erklären könnte: »Du ahnst nicht, was das für verwahrloste Erscheinungen sind, einfach zum Davonlaufen! Sie gebärden sich so verdammt ›intellektuell‹ und sind trotzdem nur armselige Gestalten. Ich kann sie nicht mehr ausstehen! Lieber würde ich mich auf dem Markt von Toluca auf die Erde setzen und Tortillas verkaufen, als dass ich etwas mit diesen Wichtigtuern in Paris zu tun haben wollte. Stundenlang sitzen sie in ihren ›Cafés‹ und wärmen sich den kostbaren Hintern. Ständig schwafeln sie herum und vergiften die Luft mit ihren Theorien, von denen jeder weiß, dass sie nie verwirklicht werden. Sie leben auf Kosten reicher Angeber, die das ach so künstlerische Genie bewundern. – Herrje! Es hat sich ja gelohnt, mal hierher zu kommen, auch wenn's nur dazu dient, zu begreifen, warum es mit Europa bergab geht. Diese vielen Taugenichtse!«

Ja, so schön sie Paris findet – das Künstlerleben hier ist Fridas Sache nicht. Der Vormarsch des Faschismus in Spanien und Deutschland sowie eine Nierenentzündung mögen zu ihrem Unmut beigetragen haben. Doch es gibt Lichtblicke. Etwa eine Kritik in ihrem Sinne: »Schwindel und Täuschung sind ja gerade groß in Mode, aber die unbestechliche Kraft und Eindringlichkeit der Frida Kahlo de Rivera ersparen uns die üblichen ›Geniestreiche‹.« Begeistert sind auch die wahren Genies – so schließt der Maler Wassily Kandinsky Frida in aller Öffentlichkeit in die Arme. Picasso – der große Picasso! – verehrt ihr Ohrringe in Form kleiner Hände! Auch ihr Kleidungsstil erregt in dieser Stadt des Luxus und der Mode Aufsehen. Die Modeschöpferin Elsa Schiaparelli entwirft sogar eine »Robe Madame Rivera« im Stil der Tehuana-Tracht.

Und, man höre und staune, das Louvre-Museum erwirbt eines ihrer Werke! Diese Ehre war Diego noch nicht vergönnt. Das berühmteste Museum der Welt trifft mit dem kleinen Bild »Der Rahmen« (Abb. S. 47) eine originelle Wahl und zeigt die Faszination, die für Europäer von allem Exotischen aus Übersee ausgeht. Fridas Porträt, auf Aluminium gemalt, umgeben von einem Glasrahmen, der über und über mit farbigen Vögeln, locker hingetupften Blumen und Ornamenten bemalt ist – das erinnert an die kleinen Blechspiegel mit quietschbunten Rahmen, die es auf mexikanischen Jahrmärkten für wenig Geld zu kaufen gibt.

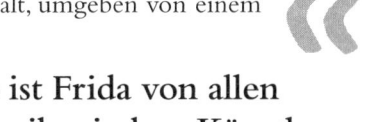

So ist Frida von allen mexikanischen Künstlern die erste, von der ein Bild im altehrwürdigen Louvre war.

Mit seinen frechen Farben nimmt das Bild die Malerei der Pop Art vorweg, die Jahre später auch gern Alltagsobjekte zur Kunst erhebt. So ist Frida von allen mexikanischen Künstlern die erste, von der ein Bild im altehrwürdigen Louvre war. Heute hängt es im Centre Pompidou, dem Pariser Museum für moderne Kunst – als einziges Werk von Frida Kahlo in einem europäischen Museum.

Der ehrenvolle Ankauf ist eine schöne Entschädigung dafür, dass die Ausstellung, wegen der Frida hier war, finanziell ein Verlustgeschäft bleibt. Trotzdem hat sie von Europa erst mal die Nase voll. Die Stimmung hier ist angespannt – alle reden von Krieg. Und was soll sie in Italien, Spanien, Deutschland, wenn daheim herrliche Wärme, scharfe Chilisoße und ihr süßer Diego auf sie warten? So ist Frida froh, als sie im März 1939 in Le Havre das Schiff nach New York besteigt. Dass sie nie mehr nach Europa zurückkehren wird, gehörte für sie im Rückblick wohl zu den weniger tragischen Tatsachen ihres Lebens.

Schwarz – nichts ist schwarz, wirklich überhaupt gar nichts

Die Trennung. Weg mit den »alten Zöpfen«!

Das bin ich – Frida Kahlo. Dieses Bild habe ich gemalt, weil Diego mich verlassen hat. Er soll sehen, was er mir damit angetan hat. Ich gehe in Sack und Asche – wenn ich schon nicht mehr seine Frau bin, will ich gar keine mehr sein. Schau's Dir an, Dieguito, Dein Täubchen, Dein Seelchen, Deine Fridita! Ihr Haar, das Du ach so geliebt hast, habe sie sich ritsch ratsch abgeschnitten. Es sind jetzt bloß noch Haare – magst Du sie aufsammeln, die einst so verführerischen Schlingen und Schlangen, zur süßen Erinnerung?! Jetzt kannst Du das läppische Liedchen trällern, das man überall hört – schau, Diego, der Text könnte von Dir sein … Sing schön mit: »Sieh, wenn ich Dich liebte, so war es wegen Deiner Haare; jetzt, wo Du kahl bist, lieb ich Dich nicht mehr.«

Was ist geschehen? Was bringt Frida dazu, sich so zuzurichten, wie es das »Selbstbildnis mit abgeschnittenem Haar« zeigt?

Vielleicht hatte sie ja eine Vorahnung, als sie sich im Januar so zögernd auf den Weg nach Paris macht. Jedenfalls ist, als sie heimkommt, zwischen ihr und Diego alles aus. Seine Affären, ihre Affären, sie unterwegs als Weltenbummlerin, er daheim in Mexiko –

das konnte ja nicht gut gehen! Jetzt will er die Trennung. Oder besser gesagt: seine Freiheit. Noch Jahre später redet er sich so elegant wie fadenscheinig heraus: »Ich liebte sie viel zu sehr, als dass ich ihr immer neue Leiden verursachen wollte. Deshalb entschied ich mich für die Trennung.« Im Sommer 1939 zieht Frida aus und wohnt nun wieder im Elternhaus beim Vater. Im Herbst reicht das Paar auf Diegos Wunsch die Scheidung ein.

Erst Monate nach besiegelter Trennung malt sie das »Selbstbildnis mit abgeschnittenem Haar« (Abb. S. 70). Die Welt, in die sie sich nun zurückzieht, hat für sie, wie das Bild zeigt, die Farbe verloren. Alles scheint ihr trist und leer. Abgesehen von ihrem alten Vater hat sie nur sich selbst zur Gesellschaft – und sie will auch gar niemanden sehen! Sie betäubt ihren seelischen Schmerz, zu dem sich Schmerzen im Rückgrat gesellen, mit Alkohol. Spätestens jetzt trifft ihre berühmte bitter-ironische Bemerkung zu: »Ich hatte im Leben zwei große Unfälle. Der eine geschah, als ich von einer Straßenbahn überfahren wurde, der andere ist Diego.« Beide »Unfälle« lassen Frida einfach nicht los. Ihr Bild zeigt, dass sie mit Diego noch lange nicht fertig ist. Welche Szene macht sie ihm da! Wie eine Wahnsinnige hat sie gewütet – gegen sich selbst. Jetzt hockt sie, die Schere noch gezückt, einsam in der Schlangengrube. Wie eine Sträflingskluft trägt sie Diegos viel zu großen Anzug. Immerhin ist es ein Stück von ihm, das sie umhüllt! Oder will sie sich mit der Männerkluft, mit der sie schon früher gern ihre spießige Umgebung reizte, von herkömmlichen Frauenrollen lossagen? Hat sie mit dem Haar – dem Weiblichkeitssymbol schlechthin – auch die sprichwörtlichen »alten Zöpfe« abgeschnitten? Ihr Blick, der anklagend und stolz zugleich ist, lässt auch diese Deutung zu.

Doch der Anzug ist eine Nummer zu groß. Ihr Verhalten in der Realität zeugt nicht gerade von Befreiung. Sich von Diego zu lösen – nein, das schafft sie nicht! Und es ist nicht nur Geschäftliches, das sie in alter ehelicher Arbeitsteilung weiterhin für ihn erledigt. Wie gehabt verfolgt sie sein nimmermüdes Liebesleben mit argwöhnischen Augen. Und wie immer nimmt das Paar in trauter Zweisamkeit mit gewohnter Verspätung seine gemeinsame Loge im Theater ein. Die Schilderung eines solchen Auftritts zeigt, dass Frida ihr Zusammensein mit Diego als Triumph inszeniert: »Niemand achtete auf die Vorführung; alle schauten bloß auf Frida, die ihre Tehuana-Tracht und Diegos ganzen Goldschmuck

Ich hatte im Leben zwei große Unfälle. Der eine geschah, als ich von einer Straßenbahn überfahren wurde, der andere ist Diego.

trug. Wenn sie sich bewegte, klirrte es wie eine Ritterrüstung. Sie hatte eine feierliche Ausstrahlung wie die Kaiserin Theodora: eine Mischung aus Eleganz und Barbarei. Sie trug zwei Goldkronen im Gebiss, und wenn sie besonders schön sein wollte, nahm sie die heraus und ersetzte sie durch Zahnkronen mit rosa Diamanten, damit ihr Lächeln richtig funkelte.«

Je länger ihr Haar wieder wird, desto mehr gefällt sich Frida als »Femme fatale«. Welche Rolle würde besser passen als Panzerhaut um das verletzte Selbstwertgefühl einer unglücklichen Frau?

Fridas neue Malwut

Herausgeputzt mit ihren besten Kleidern setzt sie sich nach dem Schicksalsschlag vor Staffelei und Spiegel, um fleißig diese neue Frida zu malen – auch auf Bestellung! Schließlich will sie nun von der Kunst leben! Diegos Geldsorgen machen ihr den Schritt in die Selbständigkeit leichter. Immer noch schreibt sie dem Exmann, der gerade in San Francisco arbeitet, liebevolle Briefe, als wäre nichts geschehen. Da ist Fridas düsterer Blick der Selbstporträts schon ehrlicher! Frida mit trauerschwarzem Spitzenschleier, Frida mit blutroten Bändern in festgezurrter Hochfrisur, Frida mit schwerem Blumendiadem oder Frida, bekrönt mit einem düstervioletten Wollzopf – es ist eine in sich gekehrte Frau, die ohne Lächeln aus den teppichartig dicht »gewebten« Bildern schaut. Aus der wütenden Frida mit raspelkurzem Haar ist im gleichen Jahr 1940 die von nah gesehene und doch unnahbare Frida des »Selbstbildnis mit Dornenhalsband« (Abb. S. 38) geworden.

Katze, Äffchen, Kolibri, Schmetterlinge, Orchideen, Blätterdschungel und eine Frau in Weiß – sind das nicht Zutaten zu einer schönen Szene? Nicht, wenn die Schmetterlinge aus Metall sind, die Katze schwarz ist, der Kolibri tot und Frida Kahlo Modell und Malerin des Ganzen. Dann wird das Ganze eher schrecklich schön. Ein direkter Blick zieht uns in den Bann – und stößt uns zugleich zurück.

Als hätte Frida nach all den Posen, mal nach links, mal nach rechts, jetzt die einzig richtige Stellung gefunden, zeigt sie sich streng von vorn. Nie war ihr »Das bin ich, Frida Kahlo« mehr auf Konfrontation angelegt. Frida zeigt ihr wahres Gesicht. Aus dem sind alle Stimmungen, Leiden und Leidenschaften verschwunden.

Katze, Äffchen, Kolibri, Schmetterlinge, Orchideen, Blätterdschungel und eine Frau in Weiß – sind das nicht Zutaten zu einer schönen Szene?

Fridas Schmerz sitzt tiefer – in Form der Dornen geht er tatsächlich unter die Haut. Der Schmuck spielt auf die Dornenkrone Christi an und wird noch drastischer durch den Kolibri-Anhänger. Eigentlich steht der flirrende Vogel in Mexiko für Liebesglück, doch hier bedeutet er das Gegenteil. Brutal bohrt sich ein Draht durch sein Köpfchen. Die im Tod ausgebreiteten Flügel wieder-

Langsam wachsen Fridas Haare wieder nach. Doch das Rauchen lässt sie trotz ihrer schlechten Gesundheit nicht sein!

holen die Form von Fridas Augenbrauen. Die werden damit zum »Kainsmal« – Frida sieht ihr Liebesleid als vorbestimmtes Los.

Ebenso düster wirkt die lauernde schwarze Katze, das Attribut der Hexen. Eine in Weiß gekleidete Hexe? Ja, da wäre zum Beispiel die antike Zauberin Medea! Ein alter griechischer Mythos erzählt, dass Medea von ihrem Mann Jason betrogen und verstoßen wird. Daraufhin sinnt sie auf Rache – vor der sich Jason mit einem kreuzförmigen Vogelamulett schützt, das ihm die Liebesgöttin Venus schenkt. Frida kennt diese Geschichte. Nur – wer schützt sich hier vor wem? Es ist nicht Jason/Diego, der sich mit dem Talisman gegen Liebeszauber immun macht, sondern hier ist es Medea/Frida. Doch es nützt nichts. Denn der Katze steht das Äffchen gegenüber, Fridas Liebling Carmito. Es gibt Berichte über die Faxen des possierlichen Tierchens, doch hier ist es ganz brav. Voller Ernst ist es vertieft in das Aufdröseln des Dornengeflechts und damit auch des Liebesbanns. Es steht für jene übergroße Zuneigung, genannt »Affenliebe«, die den geliebten Menschen zu ersticken droht. Auch das sieht Frida also als unabänderliches Schicksal: Nichts hilft gegen ihre Schwäche für Diego! Sie muss ihn einfach lieben und besitzen, egal, was er ihr antut.

Gibt es hier denn gar nichts Aufmunterndes? Vielleicht das üppige Grün? Doch da schiebt sich gleich ein fahlgelbes Blatt dazwischen. Und diese Art Gelb bedeutet in Fridas Farbskala nichts Gutes. Die Orchideen? Die sind abgebrochen und sind Sinnbilder für Fridas vergebliche Hoffnung auf ein Kind. Bleiben die wie Silberspangen wirkenden Schmetterlinge. Hat nicht Diego Fridas Kunst als »hart wie Stahl und fein wie Schmetterlingsflügel« bewundert? Und ist nicht der Schmetterling ein uraltes Symbol für die Wiedergeburt? Also doch ein Trost. Ihre Malerei macht Frida bei aller Schwäche in punkto Liebe zu der starken Frau, die uns aus dem Bild entgegenblickt.

Das Krisenjahr 1940 hat noch einiges in petto. Im September reist Frida nach San Francisco – ob aus Sehnsucht nach Diego oder um Dr. Eloesser zu konsultieren, wer weiß? Ihr Gesundheitszustand erfordert jedenfalls eine Behandlung ihres Rückens, Ruhe und ein Alkoholverbot. Doch Fridas Leibarzt blickt tiefer. Von der Operation, die andere Ärzte empfehlen, hält er nichts. Seine Behandlung besteht darin, zwischen Frida und Diego zu vermitteln. Er hat erkannt, dass beide nicht ohne einander leben können. Frida rät er: »Können Sie die Dinge nicht nehmen, wie sie sind und trotzdem mit ihm leben? Vielleicht schaffen Sie es sogar, Ihre Eifersucht umzulenken in neue Kraft für Ihr Werk.« Doch Frida kehrt nicht gleich mit

Nichts hilft gegen ihre Schwäche für Diego! Sie muss ihn einfach lieben und besitzen, egal, was er ihr antut.

fliegenden Fahnen zu Diego zurück. Erst verliebt sie sich Hals über Kopf in den jungen deutsch-jüdischen Emigranten Heinz Berggruen. Die romantische Affäre mit dem später berühmten Kunstsammler endet nach einigen schönen Wochen in New York. Diegos stürmische Heiratsanträge haben Frida besiegt. Doch erst muss er ihre Bedingungen annehmen! Sie will in Zukunft getrennte Kasse und getrennte Betten. Na gut. Er akzeptiert. Hauptsache, er hat seine Fridita wieder! Am 8. Dezember 1940, Diegos 54. Geburtstag, gibt sich das Paar in San Francisco zum zweiten Mal das Jawort.

Die »Los Fridos« scharen sich als kleine
Äffchen um ihre stolze Lehrerin.

Rötlicher Purpur – aztekisch, die lebendigste und älteste Farbe

Viva la vida! – Es lebe das Leben! Was für ein mexikanischer Gedanke!

Diesmal ist es Diego, der Frida folgt – in ihr Elternhaus, wo sie nun wohnen. Ihr Glück, mit den zwei Männern, die sie am meisten liebt, unter einem Dach zu leben, währt nicht lang. 1941 stirbt Guillermo Kahlo: »Der Tod meines Vaters war ein schrecklicher Schlag. Sie erinnern sich doch, wie schön er war und wie gut?!« Dazu kommt der Krieg in Europa, dessen Folgen für die Menschen, egal welcher Seite, Diego und Frida tief betroffen machen.

Doch der Tod macht den Wert des Lebens erst richtig bewusst – ein sehr mexikanischer Gedanke! Und der ist auch Fridas Leitstern. Sie macht nun jeden Tag zum Fest. Immer hat sie sich gern mit Menschen umgeben, Haus und Garten geschmückt, Ausflüge unternommen und ihre Lieben mit Überraschungen erfreut. Jetzt, mit Diegos Einzug in ihr Haus lässt Frida alles, was um sie ist, aufleben. Diegos zum Teenager herangewachsene Tochter Guadalupe, die 1942 eine Weile bei ihnen lebt, schildert Fridas Lebensfreude. In einem Kochbuch mit Fridas Rezepten schwärmt sie von ihrem offenen Haus und ihrem sprühenden Einfallsreichtum, wenn es was zu feiern gibt. Ja, die Zeiten, wo Guadalupes Mutter dem Exgatten das Hochzeitsmahl gekocht und ihrer Rivalin großmütig die Zubereitung von Diegos zahllosen Leibspeisen beigebracht hat, sind lange vorbei! Frida ist nun – heiß geliebt von ihren dienenden Geistern – selbst Herrin im Haus.

Dessen Lebensmittelpunkt ist die große, helle Küche mit den fröhlichen kanariengelben Tellerborden. »Der Herd war mit weißen, blauen und gelben spanischen Kacheln verziert. An der Rückwand standen in verschnörkelter Schrift die Namen Frida und Diego auf den Kacheln. Über dem Herd hingen Töpfereien aus Oaxaca, Kupferkessel aus Santa Clara, Gläser, Tassen und Krüge aus Guadalajara, Puebla und Guanajuato.« (Abb. S. 69) Bei jeder Gelegenheit fährt Frida in die Stadt, um auf den quirligen Märkten für die nächste Fiesta einzukaufen. Anlässe finden sich im lebensfrohen Mexiko genug: »Sie feierte die Namenstage der Heiligen, Geburtstage, Taufen und die meisten religiösen und weltlichen Feiertage.« Auch Bekannte, die gerade vorbeischauen, dürfen Platz nehmen an Fridas wie Bilder gestalteten Festtafeln, die sie »Mähler der breiten Tischtücher« nennt. Da kommt jedes Geschirr ihrer Sammlung aus allen Gegenden Mexikos mal an die Reihe. Obst, Gemüse und Blumen, die sie in Hof und Garten selbst züchtet, werden Teil der lebenden Stillleben auf dem Tisch. Girlanden aus Blumen, Früchten und Süßigkeiten schlängeln sich zwischen den Tellern und bilden die schönsten Muster, ja sogar Namen und ganze Sätze. Mexikanische Fähnchen stecken im rotweiß-grün gefärbten Reis. Das Geschirr steht auf steifem Damast, schreiend buntem Wachstuch vom Bauernmarkt oder hauchdünnen, durchbrochenen Papiertischdecken.

Und dann das Essen! Mexikos Küche speist sich aus vielen Traditionen. Und was lässt sich nicht alles zaubern aus Bohnen,

> **Frida ist nun – heiß geliebt von ihren dienenden Geistern – selbst Herrin im Haus.**

Kunterbunt und lebensfroh, so ist die Einrichtung des Esszimmers in der Casa Azul. Hier wird gefeiert und von Fridas geliebten »Katzenzungen« genascht.

Rischratsch schneidet sich Frida die Haare
ab. Vielleicht kann sie damit auch die
Vergangenheit abschneiden.

Mais und Chilischoten, die es hier überall in Hülle und Fülle gibt! Wie wär's mit Limabohnensuppe? Salat von Yamsbohnen und Kaktusfeigen? Schweinefleisch mit Früchten? Truthahn in Schokoladensoße, gebackenen Eierröllchen, Chilis in Walnusssahne? Und erst die Desserts! Quittenbrot! Guaven in Zimtsirup! Schwarzes Zapote-Eis! Frida liebt alles Süße. Als Naschkatze liebt sie natürlich vor allem jene Plätzchen, die man Katzenzungen nennt. Also, man nehme:

125 g Butter, 120 g Zucker, 3 Eiweiß, 1 Teelöffel Vanille-Extrakt, 125 g Mehl und rührt erst mal Butter, Zucker und die Eidotter cremig. Das Eiweiß wird einzeln dazugegeben und dann die Vanille und das Mehl.

Der fertige Teig kommt nun in mehreren Portionen in ein

Katzenzungen à la Frida

Spritzsäckchen und wird in 5−7 cm langen, bleistiftdicken Streifen auf ein gefettetes und mit Mehl bestäubtes Backblech gedrückt. Nach ca. 6 Minuten im vorgeheizten Backofen (220 °C) sind 50 bis 60 Katzenzungen à la Frida fertig!

Die Zubereitung eines Festmahls nach Fridas Vorstellungen kann schon ein paar Tage dauern. Ist dann alles fertig, der Weg zum Haus mit Papiergirlanden geschmückt, die Männer der Mariachi-Kapelle aufgestellt, ihre riesigen Sombrero-Hüte zurechtgerückt, der Kellner als Bauernknecht verkleidet und die Tabletts mit dem Hibiskusblütenwasser bereitgestellt, dann ordnet Frida schnell noch mal ihre Blüten im Haar − die stets mit den Tischblumen abgestimmt sind − und erwartet den Strom der Gäste.

Ein stilles Leben? Nein − Stillleben!

Angesichts der aufwendigen Feste und Fridas geselligem Lebensstil dieser Zeit wundert man sich, dass sie überhaupt noch Zeit zum Malen findet. Entstehen die Früchtestillleben, für die sie nun

La novia que se espanta de ver la vida abierta.

Grün, Weiß und Rot – die Farben Mexikos! Doch die kleine Braut ist ganz erschrocken.

eine Vorliebe hat, vielleicht so zwischendurch, am Küchentisch? Motto: erst gemalt, dann geschnipselt? Wohl kaum – dazu sind sie zu hintergründig und durchdacht. Von der Idee bis zum fertigen Bild kann Zeit vergehen. Am Anfang steht vielleicht die Freude an einer einfachen Melone: »Schau dir diese erstaunliche Frucht an! Jetzt, wo ich solche Früchte habe, und eine kleine Eule im Garten, werde ich eines Tages wieder malen! Mir ist die Natur lieber als die Menschen.« Diese Bemerkung zu Guadalupe klingt wie der erste Anstoß zum Stillleben mit dem seltsamen Titel »Die Braut erschrickt vor dem offenen Leben« (Abb. S. 72).

Da sitzt sie ja, die Eule aus Fridas Garten – ganz vorn auf dem gelben Holztisch, der bis heute in Fridas Küche steht. Kunstvoll aufgeschnittene Melonen, Kokosnüsse, Avocados, Orangen sowie Ananas, Papaya und rosa Bananen, die Frida so gern isst, sind wie auf dem Markt ausgebreitet. Für Mexiko ein alltäglicher Anblick – da ist wirklich nichts Exotisches dabei! Die leuchtenden Farben machen den Gaumenschmaus auch zur Augenweide. Alles wirkt lebendig. Die Kokosnuss vorne scheint sogar ein erstauntes Gesicht zu haben – wie die Braut, die elfenzart hinter den Melonen hervorlugt. Die »offenen« Melonen, genauer gesagt, die dem Titel nach für das reiche Angebot des »offenen Lebens« stehen. Dieses hat die mexikanischen Farben Grün, Weiß und Rot, ist üppig, saftig und, siehe die Kerne, voll Fruchtbarkeit. Damit sind die Früchte auch erotische Symbole.

Auch die Anwesenheit der Braut verrät, dass es um mehr geht als um die Naturschätze Mexikos. Da es Fridas Lieblingspuppe ist – ein Fund vom Pariser Flohmarkt – versteckt sich in ihr wohl ein Selbstporträt. Eigentlich ist eine Braut das Sinnbild freudiger Erwartung. Diese hier steht aber eher verstört vor der Fülle des

> **Schau dir diese erstaunliche Frucht an! Mir ist die Natur lieber als die Menschen.**

Lebens. Was hat sie so verschreckt? Hat sie in dem grünen Blatt auf ihren Lieblingsbananen die gut getarnte Heuschrecke erkannt? Die ist wegen ihrer willkürlichen Sprünge ein Symbol männlicher Treulosigkeit. Verbirgt sich da gar ihr Bräutigam dahinter? Ja …, und was wird aus einer Braut, die merkt, dass ihr Liebster in punkto Frauen den Wandertrieb einer Heuschrecke hat? Sie wird vor lauter Gram zur unansehnlichen Kokosnuss, die ihr weiches Innenleben hinter einer ruppigen, rauen Schale verbirgt!

Das harmlose Gegenüber von Heuschrecke und Kokosnuss entpuppt sich als jederzeit lauerndes Ehedrama. Wie gebannt wartet Frida auf den nächsten (Seiten-)Sprung der Heuschrecke Diego und kann sich doch nicht abwenden vom dem unberechenbaren Tier im Manne. Erst wenn sie zu Ruhe und Weisheit fände, würde sie sich in jene kluge Eule verwandeln, die auf dem Bild dem drohenden Fiasko einfach den Rücken zudreht. Aber wird Frida das je schaffen?

Ein Ausflug mit Frida

Diego macht ihr den Weg zur Weisheit wirklich schwer. Auch nach ihrer erneuten Heirat lässt der Kater das Mausen nicht. Prominent wie er ist, bleibt auch der Öffentlichkeit nichts verborgen. Die »Anteilnahme« geht so weit, dass die Presse zuweilen früher über eine Affäre des Starmalers Bescheid weiß als Frida. So erfährt sie von Diegos neuester Flamme, einer ungarischen Malerin, aus der Zeitung. »Wenigstens bleibt es unter Malern!«, ist Fridas Kommentar, überliefert von Diegos Tochter Guadalupe. Mit der zieht sie sich für den Rest des Tages in die Bibliothek zurück, wo ihre »geheimen Schätze« sind: »In zwei Vitrinen bewahrte sie den prächtigen präkolumbischen Schmuck auf, den ihr mein Vater im Lauf der Jahre geschenkt hatte. Dort waren auch ihre Volkskunst-Spielsachen. Sie zeigte mir Murmeln aus altem Glas, in allen Größen. Die buntschillernden Katzenaugen in der Mitte ließen sie

»Ich bin ein armes Wild« – so sieht
Frida sich selbst.

wie magische Gegenstände erscheinen, deren wechselnde Farben die Zukunft prophezeien konnten.« Doch auch die Habseligkeiten bringen Frida nicht auf andere Gedanken.

Am nächsten Morgen packt sie kurzentschlossen Guadalupe und ihre Schwester Cristina ins Auto und braust los. Die Fahrt endet nach etwa fünfzig Kilometern in San Juan Teotihuacán. In der Mittagssonne werfen die Pyramiden dieser uralten geheimnisvollen »Stadt der Götter« aus vorchristlicher Zeit keine Schatten – sie wirken wie ein Bühnenbild. Frida greift zum Skizzenbuch. Es dauert, bis sie aus ihrer Vertieftheit wieder auftaucht. Als sie dann ohne Voranmeldung bei Don Tomás vorfahren, einem alten Freund, dessen Familie seit Generationen bei Teotihuacán lebt, steht dieser schon vor seinem von hohen Kakteen umgebenen Haus. »Doña Frida! Wir warten seit gestern Nachmittag auf Sie! Ich habe die Trauer gespürt, die Sie zu uns bringt.« Nach dem Imbiss im Haus erhebt sich Don Tomás. Mit seltsamem Leuchten in den Augen führt er Frida in den Garten. »*Niña Fridita*«, sagt er, »es liegt Leid vor Ihnen, aber Sie werden in der Obhut des Mannes sterben, der Ihnen jetzt Schmerz bereitet. Sie und Don Diego werden nicht imstande sein, getrennt zu leben. Manchmal steht Hass zwischen Ihnen. Aber nach Ihrem Tod werden Sie beide ein einziger Stern sein, Sonne und Mond in enger Verbindung.« Ob Frida mit Don Tomás' Prophezeiung so recht glücklich war? Schließlich enthält sie auch die Verheißung ihres Todes. Und die harmonische Verbindung von Sonne und Mond, sprich Mann und Frau, hätte sie liebend gerne noch zu Lebzeiten.

Die kleine Mexikanerin

Bei Don Tomás lernt Frida auch seine Enkelin Lucha María kennen. Vielleicht zum Dank für die Gastfreundschaft malt sie das etwa zwölfjährige Mädchen. Das Porträt zeugt von großer Sympathie – für Lucha María und den Ort, an dem sie lebt.

Sonne, Mond und Atztekentempel.
Auch hier erzählt Frida eine Geschichte
der Ureinwohner Mexikos.

Frida als Gefangene ihrer Gefühle.
All ihre Gedanken kreisen um Diego.

Der Titel »Lucha María oder Mädchen aus Tehuacán« (Abb. S. 77) zeigt, dass es Frida auch um das Typische des Mädchens für und in dieser Landschaft geht. Lucha María sitzt in einer kargen Ebene auf einem Felsbrocken, der wirkt, als hätte man ihn extra hergebracht. Seine Form erinnert an die Muschel, auf der Venus, die antike Göttin der Schönheit, Liebe und Fruchtbarkeit, in alten Gemälden steht. Lucha María wirkt kein bisschen verloren in der Weite. Ihre Haut und die Farben der Strickjacke harmonieren mit dem Braun des Bodens. Auch ihr Spielzeugflieger ist braun und gefleckt wie ein Raubvogel. Sie hält ihn, als solle er in den Abendhimmel fliegen – ein Symbol für Fernweh? Oder eine Anspielung auf das mexikanische Wappentier des Adlers? Der sitzt nach aztekischer Vorstellung auf der Milchstraße, beim Sternbild der Plejaden. Auf diese hin sind alle mexikanischen Pyramiden ausgerichtet – auch die am Horizont aufragenden von Teotihuacán. Diese lange vor ihrer eigenen Zeit entstandenen kolossalen Bauwerke waren den Azteken heilig – wegen ihrer Größe glaubten sie, Riesen hätten sie geschaffen.

In voller Pracht prangen Sonne und Mond am zweigeteilten Firmament. Die Sonne – Symbol des männlichen Prinzips – erhebt sich über dem Sonnentempel. Steht sie für Wachstum und Leben,

Kämpfe, María! Lass dich nicht unterkriegen von der Welt, wie sie ist. Lass deiner Phantasie Flügel wachsen!

so der Mond für die Nachtseiten des Lebens und den Tod. Wie aber die Sonne mit ihrer aggressiven Hitze auch Leben vernichtet, so schenkt der weibliche Mond mit seinen veränderlichen Zyklen den Regen und damit Fruchtbarkeit und Wiedergeburt. Nur im Wechsel und Miteinander beider Prinzipien entsteht der Kreislauf

Frida ist fest mit dem Boden ihres
Heimatlandes Mexiko verwurzelt.

80

der Natur, in dem Leben und Tod als gleich notwendige Daseinsformen untrennbar zusammengehören.

Im ruhigen Verharren vor dem grandiosen Schauspiel wirkt Lucha María, als wüsste sie längst um diese Dinge. Es steckt eben doch eine kleine Frau Venus in ihr! Aber noch ist sie im Übergang vom Kind zur Erwachsenen. Damit ist das Bild auch ein Porträt der Pubertät. Frida verwendet das Flugzeugmotiv bereits auf einem frühen Selbstporträt. Vielleicht kommt es ihr hier wieder in den Sinn, weil Lucha sie an die eigene Jugend erinnert? Auch der Name des Mädchens könnte da eine Rolle spielen, denn »Lucha« heißt »kämpfe«. Damit enthält das Bild einen Appell: Kämpfe, María! Lass dich nicht unterkriegen von der Welt, wie sie ist. Lass deiner Phantasie Flügel wachsen!

Wurzeln

Die frühen vierziger Jahre sind eine gute Zeit für Frida. Während die Welt den schrecklichsten aller Kriege führt, herrscht in ihrem Körper ausnahmsweise »Waffenruhe«. Das Zusammensein mit Diego in Fridas altvertrautem Haus bekommt beiden gut. Nun ist Diego wirklich der »großartige Kamerad«, den sie immer in ihm sah! Hat sie das Kranksein vielleicht früher oft unbewusst herbeigewünscht, um seine Aufmerksamkeit zu fesseln? Körper und Seele reagieren ja sehr sensibel aufeinander. Jetzt aber gibt es als »Medizin« etwas Neues im Leben des Paares: ein gemeinsames Projekt. Im Grund ist es doch wieder Diegos Plan. Seit Jahren steckt er jeden Peso in den Erwerb präkolumbischer Kunst. Die Sachen füllen inzwischen wirklich jeden freien Winkel in Haus und Garten! Nun will er für seine Sammlung ein Museum bauen. Jeder soll die uralten, auf mexikanischem Boden entstandenen Kunstwerke sehen können! Voller Elan unterstützt Frida die Idee. Im Brief an einen Minister, den sie um Zuschüsse für den Bau bittet, schreibt sie: »Vor einem Jahr fand er endlich einen Platz, wie geschaffen für das ›Haus der Idole‹, im Pedregalgebiet bei Coyoacán. Hier hat er ein Stück Land gekauft, vor acht Monaten hat der Bau begonnen. Sie stellen sich nicht vor, mit welcher Hingabe er die Pläne ausgearbeitet hat, Nächtelang, nach vollen Arbeitstagen. Ich bin überzeugt, dass niemand mit soviel Lust und Eifer ans Werk geht wie Diego Rivera, sobald er sich mit etwas befasst, das er wirklich schätzt und bewundert.«

Abgesehen davon, dass Frida froh ist, dass Diego neben dem Malen nun was anderes »mit Lust und Eifer« betreibt als die Eroberung von Frauenherzen, schenkt auch ihr das Projekt inneren

Ich bin überzeugt, dass niemand mit soviel Lust und Eifer ans Werk geht wie Diego Rivera, sobald er sich mit etwas befasst, das er wirklich schätzt und bewundert.

Frieden. Der liegt direkt vor der Haustür – in Form der Landschaft des Pedregal. Der Name bedeutet »steiniger Boden«. Heute mit der U-Bahn von Mexiko-Stadt aus schnell zu erreichen, ist die Gegend in den vierziger Jahren ein einsamer Ort. Hier richten sich Frida und Diego eine Art Bauernhof ein, um den Museumsbau von Anahuacalli zu beaufsichtigen. Der trutzige Würfel aus schwarzem Lavastein – kolossal wie alles an und von Diego – wächst in die Höhe. Frida malt währenddessen die Landschaft, in die sie sich regelrecht verliebt hat. Das schönste Bild nennt sie »Wurzeln« (Abb. S. 80).

Noch nie hat sie dieses breite Format gewählt. Doch wie könnte sie besser die Weite dieser Ebene aus erstarrter Lava zeigen? Es ist Tag und trotzdem sehen wir eine »Mondlandschaft«. Auf dem nackten Boden liegt Frida entspannt ausgestreckt. Ihr Blick ist offen wie das Haar, das ihr mehr denn je das Aussehen

Frida ist nun Herrin im Haus! Glückliche Stunden verbringt sie mit Diego in ihrem Esszimmer in der Casa Azul.

einer Indiofrau verleiht. Das Erstaunlichste aber sind die rotgeäderten Blattranken, die ihr auf Brusthöhe entwachsen. Hier, wo Herz und Bauch waren, hat die Pflanze ihren Ursprung. Stellt Frida sich als Verstorbene dar? Dafür gibt es Hinweise. Da wäre die Aufsicht, in der die Szene gesehen ist – wie ein Vogel erlebt man die Landschaft von oben. Dadurch ist Frida ganz von Erde umgeben, was wirkt, als wäre sie tief in ihr begraben. Der Brocken unter ihrem Kopf lässt an die Steinkissen mittelalterlicher Grabmäler denken, auf welche die Figuren in ewiger Ruhe das Haupt betten. Selbst das Orange des Kleides verweist auf den Tod – zumindest in Mexiko. Hier legt man am 2. November Teppiche aus Ringelblumen aus, um den Verstorbenen an diesem »Tag der Toten« den Weg zu einem Festmahl mit ihrer Familie zu weisen – im Glauben, dass Gelborange die Farbe ist, die Tote am besten erkennen. Als Gewandfarbe führt es in einen anderen Kulturkreis. Buddhistische Mönche tragen Kutten in sonnigem Rot, Symbol der höchsten Stufe menschlicher Erleuchtung. Tatsächlich befasst sich Frida nun viel mit fernöstlichen Religionen. Chinesische Gedichte führen sie in die Gedankenwelt des Taoismus ein. Der sieht in der Abkehr von weltlichen Wünschen, dem ruhigem Geschehenlassen der Dinge und einer pflanzenartigen Selbstgenügsamkeit die Voraussetzung für Glück. Und das scheint Frida hier gefunden zu haben. In der typischen Haltung eines sterbenden Buddhas lässt sie ihr Blut in die Blätter und auf den Boden rinnen. Im Tod nährt sie die Erde, so wie diese auf dem Bild »Meine Amme und ich« am Lebensbeginn sie genährt hat. Damit ist sie Teil des natürlichen Kreislaufs von Geben und Nehmen, von Leben, Tod und Wiedergeburt. Diese Erkenntnis gibt ihr noch zu Lebzeiten den Frieden, den das kleine Bild ausstrahlt.

Gelb – Wahnsinn, Krankheit, Angst

Frida als Lehrerin. Note Eins von ihren Studenten »Los Fridos«!

Sie erschien dort ganz plötzlich wie ein schöner Blütenzweig. Sie strahlte Freude, Freundlichkeit und Bezauberung aus.«

»Sie hatte wirklich die Begabung, Leute zu fesseln. Sie war einmalig. Es steckte unheimlich viel Heiterkeit in ihr, Humor und Lebenslust.«

»Sie hat uns beigebracht, die einfachen Leute gern zu haben und die Bedeutung der Volkskunst zu erkennen.«

Drei Stimmen, drei Meinungen, dreimal Note Eins – die Fridas Schülerinnen und Schüler ihrer Lehrerin geben. Dabei geht sie mit recht gemischten Gefühlen an die Aufgabe, die sich ihr an der neuen staatlichen Kunstschule stellt. »Und wie geht das mit dem Unterrichten? Ich habe keine Ahnung davon!«, fragt sie einen Kollegen zu dessen ärgerlicher Verblüffung. Offenbar hat er kein Ohr für Ironie. Frida weiß nämlich eines mit Sicherheit:»Ihr müsst wissen, dass es auf der ganzen Welt keinen Lehrer gibt, der wirklich ›Kunst lehren‹ kann.«

Zwei Jahre lang wird Frida, die nie eine Kunstakademie besucht hat, nun drei Tage pro Woche unterrichten. Es sind Mäd-

chen und Jungen von fünfzehn bis neunzehn, oft vom Land und ohne große Schulbildung, die an der *Esmeralda* studieren, bei prominenten Künstlern Mexikos. Auch Diego Rivera lehrt hier als Professor – obwohl er seine eigene Lehrzeit nicht gerade in guter Erinnerung hat: »So geriet ich an den schlimmsten Ort, auf den ein Mensch fallen kann, der malen will: in eine Akademie der Schönen Künste.« Doch Fridas Unterricht hat nichts am Hut mit dem üblichen langweiligen Abzeichnen verstaubter Gipsfiguren. Die bleiben schön in der Abstellkammer! Viel lieber begeistert sie die Schüler für alles, was sie selbst mag: präkolumbische Kunst, spanisch-koloniale Kultur, Malerei der Renaissance, Hieronymus Bosch, Pieter Brueghel, Pablo Picasso, Literatur und Biologie inklusive Sexualkunde. Auf Ausflügen bringt sie den jungen Leuten Schlager und kämpferische Revolutionslieder bei. Sogar Kinobesuche und die Einkehr in *pulquerías*, zwielichtige Kneipen, in denen das Volk Agavenbier trinkt, gehören zu Fridas Lehrplan, Motto: »Muchachos, lasst uns das Leben in den Straßen malen!«

»Muchachos, lasst uns das Leben in den Straßen malen!«

Als sie 1944 wieder kränkelt, verlegt sie den Unterricht zu sich nach Hause. Ein harter Kern, die vier »Los Fridos«, bleibt ihr trotz des weiten Wegs noch jahrelang treu. Schwärmerisch schildern sie die zwanglosen Malstunden im Garten des Hauses, das voller Kunstwerke, Pflanzen und überall frei herumlaufender Tiere ist. Als ihr Schüler Monroy beim Malen einer Blume stillvergnügt vor sich hin summt, sagt sie: »Sing ruhig weiter, Monroycito, du weißt ja, dass ich auch gern singe. Wie schön dein Bild wird! Lass dir nur nichts von dem Vergnügen mit der kleinen Amaryllis entgehen … Wie erregend das Malen doch sein kann, nicht wahr?«

Wenn die Schüler Frida bitten, sie porträtieren zu dürfen, ist sie, gerührt wie geschmeichelt, immer gern zum Modellsitzen bereit – warum auch nicht? Schließlich malt ja auch sie ihre Schüler! Zum Beispiel im »Selbstbildnis mit Affen« (Abb.S. 66). Da ist Frida wohl in den Dschungel geraten! Wie aus dem Ei gepellt steht sie in blütenweißer Bluse vor einem Dickicht aus gummibaumartigen Blättern. Die eignen sich hervorragend als Kletterhilfe und Versteck der vier drolligen Äffchen, die ihr Gesellschaft leisten. Heißen die lustig herumtollenden Gesellen vielleicht zufällig »Los Fridos«? Jedenfalls scheinen zwei von ihnen besonders an ihr zu hängen. Scheu und behutsam legen sie ihre langen Arme um Schultern und Hals ihrer »Herrin«. Die ist wahrhaftig eine Königin – wirkt die prächtige orangerote Strelitzie hinter ihr nicht wie eine Krone?

Das Bild zeigt, wie stolz und zufrieden Frida die Arbeit als Lehrerin macht. Es ist, als hätte sie nun doch noch Kinder bekommen – eine kleine Familie, der sie Liebe und Fürsorge schenken kann. Doch ihre Gesundheit macht ihr einen Strich durch die Rechnung. Ausgerechnet jetzt, wo sie als Lehrerin glücklich ist, als Künstlerin bekannter wird und Geld gut brauchen könnte, nehmen ihre Schmerzen in einem Maß zu, dass sie nicht länger als eine Stunde am Stück arbeiten kann. Ab 1944 wird Fridas Leben mehr und mehr von Ärzten bestimmt.

Baum der Hoffnung, bleibe stark!

Natürlich ist es wie immer Diego, der mit seiner eifrigen Suche nach erotischen Leidenschaften Frida Eifersucht und Leiden schafft. 1944 ist mal wieder »alles aus«. Nach Art des Hauses heißt dies, dass jeder seiner Wege geht. Am 15. Hochzeitstag aber feiern sie ein rauschendes Fest – und das Paar findet wieder zusammen. Frida schenkt Diego ein muschelgerahmtes Bild ihrer zwar nicht passgenau, doch auf ewig verschmolzenen Gesichter. Was ist nur dran an dem Mann, der, Ende Fünfzig und dicker denn je, Frida und leider auch andere Frauen bezaubert – darunter Filmstars

**Frida vor ihrem größten Bild – gemalt
anlässlich des größten Liebeskummers.**

wie Paulette Goddard? Die Berühmtheit allein kann's nicht sein.
Intelligent, lebenslustig, amüsant, großzügig und humorvoll sind
andere auch. Bei Diego aber ist alles kombiniert mit geradezu
umwerfendem Charme. Mit dem münzt er noch seine miesesten
Züge zum Vorteil um. Wie sonst kann er Frida seinen Egoismus
mal als männlich starken Willen, mal als entzückend kindliches
Wunschgebaren verkaufen? Verhält sie sich nicht selbst wie ein
Kind, das zum Vater, egal, was der tut, bewundernd aufschaut?

Welche Erfolge sie auch hat – ihr Selbstwertgefühl scheint sie nur von und durch Diego zu beziehen. Diese Abhängigkeit setzt eine ungute Spirale in Gang: je mehr Frida an ihm klammert, desto mehr reizt ihn das zu Grausamkeiten. Er spielt halt auch gern, vor allem Katz-und-Maus! Und in Mexiko, wo ein Mann noch Mann sein darf, muss er sich für sein Benehmen nicht mal rechtfertigen! Anderen erscheinen die

> **Wie ein Perlenvorhang regnen die Tränen vor dem ruhigen Gesicht herab.**

beiden in ihrer wechselseitigen Quälerei als ein Gespann »heiliger Ungeheuer«. Nein, Frida kommt von ihrem Froschkönig nicht los. Doch sie ist nicht die Frau, die sich daheim verkriecht. Da denkt sie sich lieber etwas aus, um ihren Helden noch mehr an sich zu fesseln! So nimmt sie Diegos Geliebte in die Riege ihrer Freundinnen auf. Sie gibt die nachsichtige Mutter, um Diego zu verwöhnen. Zur Sanierung des lädierten Selbstbewusstseins und um ihr Liebesbedürfnis zu stillen, hat sie Affären. Klar will sie Diego damit oft nur reizen, umso mehr, als er höllisch eifersüchtig ist und einem Rivalen schon mal mit der Pistole auflauert! Weil aber alles nichts nützt, entwickelt sie zunehmend hypochondrische Züge und zeigt dementsprechend bei jedem seelischen Schmerz Anzeichen körperlicher Krankheit. Hat ihr das Kranksein nicht schon in ihrer Kindheit liebevollste Zuwendung eingebracht?

Auch 1944 treten Liebesleid und Rückenschmerzen zusammen auf. Nun erhält sie das erste von 28 Stützkorsetts, die von nun an ihr Leben mehr beeinträchtigen als verbessern. Welche Folterqualen sie leidet, zeigt das Bild »Die zerbrochene Säule« (Abb. S. 48).

Es ist eine wahre Schmerzensfrau, die da vor derselben Landschaft erscheint, mit der Frida in »Wurzeln« so harmonisch verwachsen war. Wieder fällt ihr Haar lose, wieder ist ihre Brust geöffnet. Damit erschöpfen sich die Gemeinsamkeiten. Aus dem entspannten Liegen ist ein betont aufrechtes Stehen geworden.

Die Maske weint. Oder sind es
Fridas Tränen, die durch ihre Augen-
löcher dringen?

Doch bald wird die bröckelnde Säule, die nun statt der Blattranken den Oberkörper füllt, zerbrechen. Bei diesem inneren Erdbeben wird auch der Käfig aus Stahlgurten um ihren Leib Fridas Zusammensacken nicht aufhalten können. Doch noch steht sie. Die trotzig-stolze Miene kennen wir von den Selbstporträts. Zum ersten Mal aber weint Frida – ohne dass dies ihre Züge verzerren würde. Wie ein Perlenvorhang regnen die Tränen vor dem ruhigen Gesicht herab. Genauso ungerührt nimmt sie die Nägel hin, die sie übersäen. Nicht einmal der

> **Gesundheit: Die übliche Flickschusterei, meine Wirbelsäule kann noch ein paar Nähte vertragen.**

dickste, der sich ins Herz bohrt, bringt einen Tropfen Blut zum Fließen. Sind es symbolische »Nadelstiche«? »Genagelt sein« bedeutet in Mexiko »gehörnt sein«, sprich »betrogen werden«. Es sind also die Verletzungen, die Diego ihr beigebracht hat. Die haben ihr das »Rückgrat gebrochen«. Indem Frida ihre Wunden auf die Leinwand bannt, »bannt« sie diese.

Die Ärzte stellen zu Fridas rasenden Schmerzen, Gewichtsabnahme und Schwächeanfällen, immer neue Diagnosen. Doch die Medikamente machen sie nur kränker, die Stützkorsetts schwächer, die vorgeschlagenen Operationen ratloser. In Briefen an ihre Freunde gibt sie sich salopp: »Gesundheit: Die übliche Flickschusterei, meine Wirbelsäule kann noch ein paar Nähte vertragen.« Dr. Eloesser gegenüber wird ihr Jammer spürbarer: »Erklär mir um Himmelswillen, was verdammt noch mal mit mir los ist, ob sich irgendwas dagegen tun lässt!« Fridas Gleichmut ist eine Maske, hinter der Verzweiflung herrscht. In ihren Bildern drückt Frida aus, was sie im Leben nicht sagen will und zeigen kann. »Die Maske« (Abb. S. 90) von 1945 ist dafür ein berührendes Beispiel.

Diesmal sehen wir nur den Kopf. Doch ist das überhaupt Frida? Das grobe rote Gesicht und die wirren grellvioletten Haare sind Merkmale einer populären Volkstanz-Maske. Sie stellt die Aztekin Malinche dar, die 1519 bei der Eroberung des Landes durch die Spanier für deren Anführer dolmetschte und seine Geliebte wurde. Damit gilt sie in Mexiko als gewissenlose Frau, die ihr Volk verriet und so zu tausendfachem Tod und dem Niedergang der eigenen Kultur beitrug. Hinter dieser Hassfigur geht Frida, deren eigenes Haar mit dem Hintergrund verschmilzt, in Deckung. Die sorgfältig manikürten Finger an den Lippen verwandeln die eigentlich ausdruckslose Pappkameradin in ein Bild des stummen Entsetzens. Die Maske weint. Oder sind es Fridas Tränen, die durch die grob durchbohrten Pupillen der Malinche quellen? Maske und Person dahinter werden ununterscheidbar. Frida hat ihr stets ruhiges Gesicht hinter einer Larve verborgen, die ihre wahren Gefühle und damit das wahre Gesicht zeigt. Dass sie Malinche als Stellvertreterin wählt, zeigt ihr negatives weibliches Selbstgefühl. Hat sie die Frauenrolle à la »Ewig lockt das Weib« satt? Hat sie die nicht überhaupt nur für Diego so lange aufrechterhalten? Doch nun sind die Risse in diesem Bild nicht mehr zu verdecken. Sie ist immerhin 38 Jahre alt, hat schon graue Haare

> Die Schmerzen wünsche ich *nobody*. Sie sind bösartig, aber nun ist es nicht mehr so zum Heulen.

und fühlt sich wie ein Invalide. Sie will das Spiel nicht mehr spielen. Trägt sie den eleganten Aquamarin auch wegen der Symbolik des Steins? Ihm wird nachgesagt, Depressionen zu heilen und in den Wechselfällen des Lebens Toleranz und Gelassenheit zu schenken. Offenbar hat Frida den Ring zu selten getragen. Ihr Leben kommt jedenfalls auch nach 1945 nicht in ruhigeres Fahrwasser.

Ich bin ein armes Wild

»Hier ist er wieder, der Komet – Doña Frida Kahlo, auch wenn Ihr's nicht glaubt! Ich schreibe Euch aus dem Bett, denn seit *vier*

Monaten spielt mir die krumme Wirbelsäule übel mit. Nachdem ich bei so vielen Ärzten hier gewesen bin, hab ich mich nun entschieden, zu einem Arzt nach New York zu fahren«. Die Reise, die Frida hier ankündigt, beginnt im April 1946. Im Juni nimmt der »‚Spitzendoktor' aus Gringolandia« eine Knochenverpflanzung sowie den Einsatz eines Metallstücks in die Wirbelsäule vor. »Die

Wenn das Wild zurückkehrt, / stark, fröhlich und genesen, / werden die Wunden, die es nun trägt, / allesamt verschwunden sein.

Schmerzen wünsche ich *nobody*. Sie sind bösartig, aber nun ist es nicht mehr so zum Heulen; dank der Tabletten hab ich es einigermaßen überstanden«, schreibt Frida ihrem guten alten Freund Alex. Wie nach dem Unfall vor 21 Jahren schildert sie ihm die Wunden und ihre Ungeduld, bis sie »aus dieser grässlichen *city* in mein geliebtes Coyoacán abhauen kann«. Im Oktober ist es so weit. Sie darf zurück, muss aber ein Korsett tragen und möglichst das Bett hüten. Wie üblich hält sie sich nicht an die Anweisungen. Frida muss eine schreckliche Patientin gewesen sein – einerseits ackert sie die Fachliteratur zu ihren Gebrechen durch, andererseits schlägt sie ärztliche Weisungen bei erster Gelegenheit in den Wind. So besorgt sie sich heimlich starke Morphintabletten, um ihre Schmerzen zu lindern. Auch die Bettruhe hält sie nicht ein. Wie auch immer – die Operation hat wenig geholfen. Wegen der rasenden Schmerzen wird das Metallstück bald wieder entfernt.

Dass Frida in dieser Zeit wenig malt, versteht sich von selbst. Dabei ist sie, wie auch Diego, in Geldnot. Die Aufenthaltskosten in New York für sie und ihre Begleiterin Cristina sowie die Arzthonorare sind hoch. So kann es sich Frida eigentlich nicht leisten, Bilder zu verschenken. Doch malt sie dem befreundeten Paar, das ihr den New Yorker Spezialisten empfohlen hat, noch vor ihrer Abreise dorthin als Dank das kleine Bild »Der verletzt Hirsch oder Der kleine Hirsch oder Ich bin ein armes Wild« (Abb. S. 75).

Ein Reh auf einer Lichtung, auf der Flucht vor Jägern, die ihm tiefe Pfeilwunden zugefügt haben. Der Wald ist düster, die Stimmung gewittrig durch jenes fahle Gelb, das für Frida Unheil bedeutet. Der Wald ist dicht, das Reh kann nicht weiter. Wie schwebend scheint es im Sprung zu verharren. Es schaut uns an – mit Fridas Augen.

Wieder findet Frida ein Sinnbild für ihr Leid und wieder wird ein verrätseltes Selbstporträt daraus. Warum wählt sie dieses Tier und warum ein männliches? Letzteres erklärt sich: der Hirsch ist stark, wie Frida gern wäre, und gehörnt, wie – dank Diego – Frida leider auch. Neun Geweihspitzen, neun Pfeile, neun Affären? Die Zahl ist symbolisch gemeint. In allen Kulturen steht die Neun für Ende und Vollendung. Auf jeden Fall geht es um Schicksal, um CARMA, wie unten am Bildrand zu lesen ist.

Auf die entscheidende Deutung aber weist der auffällige, blühende Ast vor dem Reh. Dazu muss ausgeholt werden: In seiner »Äneis« erzählt der römische Dichter Vergil von Karthagos Königin Dido, die sich in Äneas verliebt. Kurz nachdem auch er ihr Liebe und Treue geschworen hat, ruft Jupiter den Helden zur Pflicht zurück. Ist er nicht unterwegs, um für sein heimatlos herumirrendes Volk die Stadt Rom zu gründen? Um den Göttervater nicht noch mehr zu erzürnen, verlässt Äneas stehenden Fußes und ohne nähere Erklärung seine Geliebte. Dido ist außer sich und bringt sich vor Kummer um. Für den Selbstmord muss sie büßen und als von Pfeilen getroffener Hirsch durch die Wälder der Unterwelt irren. Als die Götter Äneas die Aufgabe stellen, in dieses Reich der Toten hinabzusteigen, sucht er Dido und beteuert ihr seine Liebe und Unschuld. Doch es ist aussichtslos – sie kann ihn nicht verstehen und flieht. Dank des heiligen Zweigs der Juno kann der untröstliche Äneas in die Welt zurückkehren.

Wie vor ihm Buddha, so spricht auch Vergil von der Buße, die jede Seele nach dem Tod für ihre Sünden leisten muss, bevor sie als Tier oder Pflanze wiedergeboren wird. Auch Frida, die sich hier als unglücklich liebende Dido in der Unterwelt zeigt, hofft auf eine Wiedergeburt. Davon zeugt ein Vers des Gedichts, das sie dem Bild beilegt: »Wenn das Wild zurückkehrt, / stark, fröhlich und genesen, / werden die Wunden, die es nun trägt, / allesamt verschwunden sein.« Da die Empfänger des Bildgeschenks den Buddhismus schätzen, weiß Frida, dass ihre Botschaft richtig verstanden wird: Es geht weniger um die »kleine« Wiedergeburt, die eine gelungene Operation bedeutet, sondern um die große Erlösung vom Leiden, die der Tod schenkt.

Ein mexikanischer Männertraum

Das Schicksal hat für das gehetzte Reh noch Pfeile im Köcher – auch einen Liebespfeil. Über Fridas Liebe zu José Bartolí ist wenig bekannt, da sie die Beziehung zu dem Maler, der im spanischen Bürgerkrieg Frau und Kind verlor und 1942 nach Mexiko emigrierte, geheim hält. »Dir kann ich ja sagen, dass ich ihn wirklich liebe und dass er der *einzige* Grund ist, weshalb ich wieder Freude am Leben habe«, schreibt sie an die Freundin, die ihr ab 1946 als Deckadresse für den Briefwechsel dient.

> Dir kann ich ja sagen, dass ich ihn wirklich liebe und dass er der *einzige* Grund ist, weshalb ich wieder Freude am Leben habe.

Doch was immer ihr diese neun Jahre während Liebe gibt – der Besessenheit von ihrem »Augenstern« Diego tut sie keinen Abbruch. Dass dieser jetzt oft monatelang woanders wohnt – was soll's. Doch 1949 wird das stillschweigende Arrangement kräftig erschüttert. Diego hat sich beim Malen mal wieder in sein Modell verguckt – in die Filmdiva María Felíx, den mexikanischen Männertraum. Diesmal hat es ihn schwer erwischt! Für die Presse ein gefundenes Fressen, wird sofort ein Skandal draus: Lässt er sich scheiden? Will María ihn wirklich heiraten? Da mag Diego widersprechen, soviel er will, die Sache ist ein Selbstläufer. Und die Verliebtheit bestreitet er ja gar nicht. Auch zu Fridas Reaktion kursieren die unterschiedlichsten Vermutungen. Ist sie echt amüsiert über die Sache? Trifft sie sich wirklich mit María weiterhin zum Kaffeekränzchen unter Freundinnen? Oder bezieht Frida tatsächlich eine neue Wohnung, kommt darin fast im Feuer um, woraufhin Diego reuig zu ihr zurückeilt? Was ihm, wenn's stimmt, umso leichter gefallen sein könnte, als María ihm dann ja doch einen Korb gibt. Sicher ist nur, dass Frida wie immer versucht, es leicht zu nehmen. Wie schwer ihr das diesmal fällt, zeigt das Porträt »Diego und ich« (Abb. S. 78), das sie 1949 für Freunde in Amerika malt.

Da ist Frida weder sorgfältig frisiert, noch hat sie auch nur ein Stück ihres legendären Schmucks angelegt. Eine Frida, die ihr Äußeres vernachlässigt? Undenkbar! Es muss ihr sehr schlecht gehen. Und warum sollte sie sich in dieser Verfassung einen schönen Hintergrund ausdenken? Ein hässliches Giftgrün tut's auch!

> **Der Anblick dieser traurigen, weinenden Frida mit dem um den Hals geschlungenen Haar trieb uns Tränen in die Augen.**

Dafür rückt sie uns so nah wie nie zuvor. Frida zeigt sich hier als Gefangene ihrer Gefühle. All ihre Gedanken kreisen um Diego. Dieser hockt ihr im wahrsten Sinn des Wortes »auf der Pelle«. Er will ihr einfach nicht aus dem Kopf gehen! Wie ein verstockter böser Dämon hat er von ihr Besitz ergriffen und steht allen Versuchen, sich von ihm zu befreien, im Weg. Er trägt das Dritte Auge – wie der indische Gott Shiva. Bei dem erscheint dieses Zeichen immer dann, wenn er auf Zerstörung aus ist. Wer hier zerstört wird, ist Frida. Nie hat sie ihre Verbitterung so offen gezeigt. Zum ersten Mal lässt sie einzelne Pinselstriche offen stehen. So werden aus Haaren wild kreisende Schraffuren, die zusammen mit dem Rautenmuster der Bluse einen Gitterkäfig um ihren Hals legen. Durch das Skizzenhafte und die große, fahrige Schrift der blutroten Signatur hat das Bild etwas von einer in wütender Erregung gemachten Momentaufnahme.

Die Empfänger sind entsetzt, als sie das Porträt im Zollamt aus der Verpackung ziehen. »Der Anblick dieser traurigen, weinenden Frida mit dem um den Hals geschlungenen Haar trieb uns Tränen in die Augen.« Was kann ein Bild mehr, als den Betrachter zum »Mit-Leiden« der darin ausgedrückten Gefühle bewegen? So klein das Werk ist – es hat Wirkmacht. Wieder hat Frida ihren Schmerz mittels Kunst gebannt und bezwungen.

Picknick im Bett

Hat sie den Kummer wirklich bezwungen? Der Aufsatz jedenfalls, den sie 1949 unter dem Titel »Porträt Diegos« für den Katalog zur großen Diego-Rivera-Ausstellung in Mexiko-Stadt verfasst, ist wieder eine einzige Liebeshymne. Die Leidenschaft, mit der sie selbst körperliche Makel des »wunderbaren Malers, mutigen Kämpfers und aufrechten Revolutionärs« verklärt, ist so rührend wie zum Teil schon komisch. Diegos Ausstellung zum 50-jährigen Schaffensjubiläum ist Fridas letzter Auftritt bei halbwegs guter Gesundheit.

Noch Ende des Jahres liegt sie wieder im Krankenhaus, und das neun Monate lang. Sie hat den Wundbrand am rechten Fuß, und unter dem Korsett haben sich die Narben am Rückgrat entzündet. Sieben Operationen an der Wirbelsäule sprechen für die Machtlosigkeit der Medizin. Doch »nie beschwerte sie sich, dass etwas schlecht war.« Im Gegenteil – Frida bleibt heiter und reißt

sogar Witze über ihren Zustand. Ihr Krankenzimmer verwandelt sich in eine Filiale des Blauen Hauses. Inmitten bunter Zuckerschädel, Friedenstauben aus Papier, Farbtiegel und Bücherstapel empfängt sie den täglichen Schwarm von Besuchern. Die mitgebrachten Picknickkörbe kreisen.

Ihr ganzes Interesse galt den Anwesenden und der Welt um sie herum.

Man plaudert übers Essen und das Wetter, den neusten Klatsch und den letzten Schrei der Mode – kurz: über Gott und die Welt, bloß nicht über Fridas Krankheit. Nein, das will sie nicht! Alle Freunde berichten übereinstimmend, dass sie stets »getröstet und geistig gestärkt« wieder von ihr gingen: »Ihr ganzes Interesse galt den Anwesenden und der Welt um sie herum.« Selbst ihr politisches Engagement setzt sie hier in Form von Unterschriftsaktionen fort. Und wieder gibt es ein Gestell, mit dem sie im Liegen malen kann. Diego richtet sich ein Zimmer neben ihrem ein – mit dem festen Vorsatz, ganz für Friducha da zu sein. Sogar einen Filmprojektor treibt er für sein kinoverrücktes Täubchen auf. Nun gibt es oft was zu Lachen bei Frida, die es liebt, in Gesellschaft ihrer Gäste Filme von Charlie Chaplin zu sehen. Alle sind rührend um Frida bemüht. Doch nur wenn Diego da ist, lebt sie wirklich auf. Bei aller zärtlichen Fürsorge hält der die Rolle des treusorgenden Gatten natürlich nicht auf Dauer durch. Wenn's sein muss, nimmt er sich wie gehabt die ihm genehmen Freiheiten.

Als Frida Mitte 1950 entlassen wird, sitzt sie im Rollstuhl und kann den Alltag nur noch mit fremder Hilfe bewältigen. Tag und Nacht ist nun jemand für sie da – leider meist nicht Diego – und trotzdem fühlt sie sich einsam. Alkohol und Tabletten lindern die körperlichen Schmerzen, nicht aber den seelischen Schmerz. Unter Einfluss der Rauschmittel wird ihr sonst so präziser Pinselstrich flüchtig. Statt Selbstporträts malt sie jetzt Stillleben. Bei all den fröhlichen Mexiko-Fähnchen und lebensfrohen Inschriften wie *Naturaleza viva* – »Lebendiges Leben«, sind die Früchte, die sie nun malt, meist überreif. Offenbar kreisen Fridas Gedanken unentwegt um die Vergänglichkeit. Doch wenn jemand kommt, siegt sogleich ihr Interesse an den Menschen. Zunehmend wichtiger wird ihr die Politik. Seit 1948 wieder in der kommunistischen Partei, sehnt sie sich danach, in der Gemeinschaft Gleichgesinnter aufzugehen und ihrer Weltanschauung mit der Malerei zu dienen.

Wozu brauch ich Füße, wenn ich fliegen kann

Ein letzter Höhepunkt ist im Frühling 1953 Fridas erste Ausstellung in Mexiko-Stadt. Nicht, dass ihr geliebtes Land sie plötzlich als Künstlerin entdeckt hätte! Es ist eine Freundin, die das Ganze auf die Beine stellt. Die Vorbereitung weckt Fridas Lebensgeister. Am Eröffnungstag aber geht es ihr schlecht. Gerührt wie entnervt von Fridas Eigensinn, bringt man kurzerhand ihr Bett in die Galerie. Noch einmal strahlt sie, wunderschön gekleidet, erlesen geschmückt und eingehüllt in Wolken ihres Lieblingsparfums *Shocking* von Schiaparelli, als lebendes Kunstwerk inmitten ihrer Werke. Wie eine Königin empfängt sie ihren Hofstaat – ein typisch mexikanischer Auftritt, bunt, prächtig und zugleich schwarz und makaber. Wie die Heiligen in den Kirchen liegt sie auf seidenen Kissen. Vom Betthimmel grinst das Judasskelett herab, unter dem sie

> **Wie eine Königin empfängt sie ihren Hofstaat**

seit Jahren schläft. Bald gehen Huldigung und Ausgelassenheit ineinander über. Noch einmal fließt der Tequila in Strömen und noch einmal singt Frida mit den Freunden ihre Lieblingslieder. An diesem Abend überstrahlt sie die Bilder an den Wänden. Diese feiern ihren Erfolg in den Wochen darauf. Der Besucherstrom ist so groß, dass man die Ausstellung verlängern muss.

Doch das bedeutet Frida nur noch wenig. Im Juli eröffnen ihr die Ärzte, dass ihr rechter Unterschenkel abgenommen werden muss. Wie bei ihrem Unfall vor 28 Jahren stößt Frida einen langen Schrei aus. Nur Diego schafft es, ihr die Zustimmung zur Operation abzuringen. Hinterher ist Frida nicht mehr dieselbe. Erst nach Monaten legt sie die Prothese an. Auch die Stiefel aus goldbesticktem rotem Leder, die sie sich machen lässt, können sie nicht trösten. Zum verletzten Schönheitsempfinden kommt wohl die Erinnerung an die »Holzbein-Frida« ihrer Kindheit. Vor allem

Für Diego war Fridas Tod am 13. Juli 1954 »der traurigste Tag meines Lebens. Zu spät erkannte ich, dass die Liebe zu ihr der wunderbarste Teil meines Lebens war.«

Frauen stehen ihr in ihrer Reizbarkeit nun zur Seite: »Ich machte sie frisch, frisierte sie und sie ruhte – so lieb, so wütend und grantig zugleich.« Depression und Tatendrang lösen sich ab. So schlägt sie ärztliche Warnungen in den Wind und nimmt an einer Demonstration teil. Fotos zeigen sie, die ringgeschmückte Faust zum Protest erhoben, im Rollstuhl in der Menge. Trotz der Erkältung, die sie sich holt, feiert sie vier Tage später, am 6. Juli 1954, mit hundert Gästen ihren 47. Geburtstag.

Eine Woche danach ruft sie Diego zu sich. Sie steckt ihm einen goldenen Ring an den Finger – ihr vorgezogenes Geschenk zum 25. Hochzeitstag. Diego bleibt bei ihr, bis sie schläft. Als man am Morgen nach ihr schaut, findet man sie tot.

Für Diego war Fridas Tod am 13. Juli 1954 »der traurigste Tag meines Lebens. Zu spät erkannte ich, dass die Liebe zu ihr der wunderbarste Teil meines Lebens war.« Im Jahr darauf vermacht er das Blaue Haus als Frida-Kahlo-Museum dem mexikanischen Volk. Und dann? Dann heiratet er seine langjährige Geliebte Emma Hurtado. Und dann? Dann erliegt er 1957 einem Herzinfarkt.

Und dann? Dann endet eine große, schöne, doch bestimmt nicht märchenhaft schöne Liebesgeschichte.

Frida Forever!

Was fortlebt, ist Fridas Ruhm. Wohl keine Künstlerin hat die Nachwelt so fasziniert wie Frida Kahlo. Ab den 1980er Jahren feiern Ausstellungen, Biografien, Modekollektionen, Filme und sogar ein Ballett ihr Leben, ihre Kunst und ihre strahlende, tapfere, vielschichtige Persönlichkeit. Stars wie Madonna, Jennifer Lopez oder Selma Hayek sehen in ihr ein Vorbild. Ihre Fan-Clubs sind riesig. Wenn Werke von ihr überhaupt auf den Kunstmarkt kommen, dann wechseln sie zu astronomischen Preisen den Besitzer. Als kleinen Trost gibt es Frida auf T-Shirts, Taschen, Buttons und Schlüsselanhängern.

Ich hoffe, nie wiederzukommen.

Ihr im Tagebuch vermerkter Wunsch »Ich hoffe, nie wiederzukommen« ist also nicht in Erfüllung gegangen. Im intensiven Blick ihrer Selbstporträts und in den wunderschönen Räumen des Blauen Hauses ist es, als wäre Frida immer noch da.

>> Sie war ein unruhiger Geist.
Alejandro Gómez Arias

Zeitleiste

Am 6. Juli wird
Magdalena Carmen
Frida Kahlo in Coyo-
acan, einem Vorort
von Mexiko-Stadt,
geboren. Frida
wächst zusammen
mit ihren Schwe-
stern Matilde, Ad-
riana und Cristina
im »Blauen Haus«
(Casa Azul) auf.

Frida erkrankt an
Kinderlähmung. Ein
Bein bleibt kürzer
als das andere, was
sie später unter
ihren langen Röcken
versteckt.

1907	1912	1913	1914–1918

9. Februar: In London
demonstrieren 3 000
britische Suffragetten
für die Einführung
des Stimmrechts für
Frauen.

Auf ihrer Jungfern-
fahrt kollidierte das
Passagierschiff Titanic
am 14. April 1912
mit einem Eisberg
und versank nur
kurze Zeit nach dem
Zusammenstoß im
Nordatlantik.

In Gent in Belgien
findet die 28. Welt-
ausstellung statt.

Der Erste Weltkrieg
wird in Europa, dem
Nahen Osten, Afrika
und Ostasien geführt
und forderte rund
17 Millionen Men-
schenleben.

Wir modernen Frauen können von Frida lernen, sie hat immer gemacht, was sie wollte. Salma Hayek

Die 15-jährige Frida besucht als eines von 35 Mädchen unter insgesamt 2000 Schülern die Escuela Nacional Preparatoria, um sich auf ein Medizinstudium vorzubereiten. Dort begegnet sie zum ersten Mal ihrem späteren Mann Diego Rivera.

Am 17. September wird Frida bei einem Busunglück schwer verletzt und muss viele Monat im Bett liegen. Um sich die Zeit zu vertreiben beginnt Frida mit dem Malen.

Frida tritt in die Kommunistische Partei ein.

Am 21. August 1929 heiratet Frida den zwanzig Jahre älteren, berühmten Maler Diego Riverav und verlässt die Kommunistische Partei, als Diego von dieser ausgeschlossen wird.

1922　　　**1925**　　　**1928**　　　**1929**

Am 30. Dezember 1922 wird die Sowjetunion gegründet.

Am Schwarzen Donnerstag (engl. »Black Thursday«), dem 24. Oktober 1929, kommt es zum größten Börsencrash der Geschichte. Die nun einsetzende Weltwirtschaftskrise beendet die »Goldenen Zwanziger Jahre«: In den Industrienationen folgen Arbeitslosigkeit und Deflation.

Frida ist die große Inspiration für mein Leben.

Madonna

Diego und Frida reisen viel. Sie halten sich unter anderem für längere Zeit in San Francisco und New York auf. Im September 1932 reist Frida nach Mexiko zu ihrer todkranken Mutter, die kurz darauf stirbt.

Weil Frida Heimweh hat, ziehen sie und Diego im Dezember 1933 zurück nach Mexiko.

Fridas Bilder werden erstmals in New York in einer Galerie ausgestellt.

Frida reist nach Paris und lernt dort die surrealistischen Maler kennen. Nach ihrer Rückkehr zieht die Künstlerin zurück ins blaue Haus und lässt sich von Diego scheiden.

1930–1932   **1933**   **1938**   **1939**

In Europa beginnt im September 1939 der Zweite Weltkrieg mit den Angriffen des Deutschen Reiches und der Sowjetunion auf Polen.

Ich male meine eigene Wirklichkeit.
Frida Kahlo

Frida und Diego heiraten im Dezember 1940 ein zweites Mal.

Guillermo Kahlo, Fridas Vater, stirbt. Ab 1941 nimmt Frida an zahlreichen Ausstellungen in Mexiko und den USA teil und hat zunehmenden Erfolg und erhält viel Auftragsarbeiten.

Die Künstlerin lehrt an der Kunstakademie *La Esmeralda*. Ihre Schüler nennen sich stolz »Los Fridos«.

Frida Kahlo beginnt Tagebuch zu schreiben, in das sie auch viel malt.

1940 1941 1943 1944

Nach einem Luftangriff der japanischen Flotte auf die in Pearl Harbor (Hawaii) vor Anker liegende amerikanische Pazifikflotte, tritt die USA in den Zweiten Weltkrieg ein.

>> Ich male, weil ich muss.
Frida Kahlo

**Teilnahme Fridas
an der Ausstellung
»45 Autoretratos de
Pintores Mexicanos,
Siglos 18 a 20«.**

**Frida wird mit dem
mit dem mexikani-
schen Nationalpreis
ausgezeichnet.**

**Frida tritt erneut in
die kommunistische
Partei ein.**

1945   1946   1947   1948

Die Kapitulation der
deutschen Truppen
am 8. Mai 1945
beendet den Zweiten
Weltkrieg.

30. Januar 1948:
Mahatma Gandhi
wird mit 79 Jahren
von dem nationa-
listischen Hindu
Nathuram Godse
erschossen.

Nimm vom Leben alles, was es hergibt.

Diego Rivera an Frida Kahlo

Frida wird sieben Mal an der Wirbelsäule operiert und muss von nun an im Rollstuhl sitzen.

In der Galería de Arte Contemporáneo in Mexiko-Stadt hat sie ihre erste Einzelausstellung. Frida muss auf einer Trage liegend an der Ausstellungseröffnung teilnehmen.

Frida malt ihr letztes Stillleben »Viva la vida«. Am 13. Juli 1954 stirbt sie im Alter von 47 Jahren im Blauen Haus.

1949　　　　　**1950**　　　　　**1953**　　　　　**1954**

Im Jahr 1949 stehen vor allem die Gründung der Bundesrepublik Deutschland und der Deutschen Demokratischen Republik sowie die Proklamation der Volksrepublik China im Mittelpunkt des Weltgeschehens.

Mit dem Angriff auf die Moncada-Kaserne beginnt die Kubanische Revolution.

In den USA erreicht die McCarthy-Ära mit dem Communist Control Act of 1954 ihren Höhepunkt.

Die Kunstwerke in diesem Buch

S. 70
Selbstbildnis mit abgeschnittenem Haar, 1940. The Museum of Modern
Art, New York

S. 72
Die Braut erschrickt vor dem offenen Leben, 1943. Sammlung
Jacques und Natasha Gelman, Mexiko-Stadt

S. 75
Der verletzte Hirsch *oder* Der kleine Hirsch *oder* Ich bin ein armes Wild,
1946. Privatsammlung, Houston/Texas
Foto: Rafael Doniz

S. 77
Lucha María *oder* Mädchen aus Techuacán, 1942. Privatsammlung,
Mexiko-Stadt
Foto: Rafael Doniz

S. 78
Diego und ich, 1949. Privatsammlung
Foto: akg-images Berlin

S. 80
Wurzeln *oder* Das Pedregal, 1943. Privatsammlung, Houston/Texas
Foto: akg-images Berlin

S. 90
Die Maske, 1945. Museo Dolores Olmedo Patiño,
Mexiko-Stadt

Die Fotos in diesem Buch

Auf dem Einband
Frida Kahlo, 16. Oktober 1932.
Foto: Guillermo Kahlo

S. 9
Frida Kahlo, um 1938/39. International Museum of Photography,
George Eastman House
Foto: Nickolas Muray

S. 28
Hochzeitsfoto von Frida Kahlo und Diego Rivera, 1929. Archivio
CENEDIAP-INBA, Mexiko-Stadt

S. 31
Frida Kahlo in ihrem Wohnzimmer, 1940.
Foto: Bernard G. Silberstein

S. 53
Frida beim Malen im Bett, 1952. Archivio CENEDIAP-INBA,
Mexiko-Stadt
Foto: Juan Gunzmán

S. 63
Frida mit abgeschnittenen Haaren. Archivio CENEDIAP-INBA,
Mexiko-Stadt
Foto: Guillermo Davila

S. 69
Das Esszimmer der Casa Azul.

S. 83
Frida und Diego im Esszimmer der Casa Azul.
Foto: Emmy Lou Packard

S. 88
Frida bei der Arbeit an *Die zwei Fridas*, um 1939.

© Prestel Verlag, München · Berlin · London · New York, 2010
© für die abgebildeten Werke von Frida Kahlo bei Banco de México Diego Rivera
& Frida Kahlo Museums Trust/VG Bild-Kunst, Bonn 2010

Die Deutsche Nationalbibliothek verzeichnet diese Publikation in der Deutschen
Nationalbibliografie; detaillierte bibliografische Daten sind im Internet über
http://dnb.d-nb.de abrufbar.

Prestel Verlag, München
in der Verlagsgruppe Random House GmbH
www.prestel.de

Projektleitung: Doris Kutschbach
Lektorat und Bildredaktion: Miriam Heymann
Umschlaggestaltung & Typografie: Magdalene Krumbeck
Herstellung: Nele Krüger
Art Direction: Cilly Klotz
Lithografie: Reproline Mediateam, München
Druck und Bindung: Tlačiarne BB, spol. sr. o.

FSC
Mixed Sources
Product group from well-managed
forests and other controlled sources
Cert no. SGS-COC-004236
www.fsc.org
© 1996 Forest Stewardship Council

Verlagsgruppe Random House FSC-DEU-0100
Das für dieses Buch verwendete FSC-zertifizierte Papier
Tauro Offset liefert M-real Zanders, Gohrsmühle, Bergisch Gladbach

ISBN 978-3-7913-7023-1